XIAOZHANG
RUHE YINLING
JIAOSHI
CHENGZHANG

姚计海◎著

校长如何引领
教师成长

北京师范大学出版集团
BEIJING NORMAL UNIVERSITY PUBLISHING GROUP
北京师范大学出版社

图书在版编目(CIP)数据

校长如何引领教师成长/姚计海著．—北京：北京师范大学出版社，2016.1(2023.11重印)

中小学校校长培训用书/楚江亭，苏君阳，毛亚庆主编

ISBN 978-7-303-19243-4

Ⅰ.①校… Ⅱ.①姚… Ⅲ.①中小学－校长－学校管理－师资培训－教材 Ⅳ.①G637.1

中国版本图书馆 CIP 数据核字(2015)第 172851 号

图书意见反馈　gaozhifk@bnupg.com　010-58805079
营销中心电话　010-58802135　58802786
北师大出版社教师教育分社　微信公众号　京师教师教育

出版发行：北京师范大学出版社　www.bnup.com
　　　　　北京市西城区新街口外大街 12-3 号
　　　　　邮政编码：100088

印　　刷：	天津中印联印务有限公司
经　　销：	全国新华书店
开　　本：	730 mm×980 mm　1/16
印　　张：	18
字　　数：	210 千字
版　　次：	2016 年 1 月第 1 版
印　　次：	2023 年 11 月第 7 次印刷
定　　价：	58.00 元

策划编辑：倪　花　　　　　责任编辑：鲍红玉
美术编辑：陈　涛　焦　丽　装帧设计：陈　涛　焦　丽
责任校对：陈　民　　　　　责任印制：马　洁

版权所有　侵权必究

反盗版、侵权举报电话：010-58800697
北京读者服务部电话：010-58808104
外埠邮购电话：010-58808083
本书如有印装质量问题，请与印制管理部联系调换。
印制管理部电话：010-58805079

总　　序

一个好校长，可以成就一所好学校；一批教育家，可以影响国家和民族的未来。为此，《国家中长期教育改革和发展规划纲要（2010—2020年）》提出"要造就一批杰出的教育家"，并大力倡导"教育家办学""创建特色学校"等。要让校长成为教育家，让教育家来管理学校、培养祖国的下一代，使学校成为优质、特色学校，是中国社会发展对学校教育的诉求，也是广大人民群众的呼声。

为促进义务教育学校校长专业发展、建设高素质的校长队伍，深入推进义务教育均衡发展，根据《中华人民共和国教育法》和《中华人民共和国义务教育法》的规定及相关原则，2012年12月，国家教育部出台了《义务教育学校校长专业标准（试行）》（以下简称《标准》）。该《标准》是对义务教育学校合格校长专业素质的基本要求，是制定义务教育学校校长任职资格标准、培训课程标准、考核评价标准等的重要依据。其基本理念主要包括以下五个方面。

第一，以德为先。该《标准》坚持社会主义办学方向，贯彻党和国家的教育方针政策，将社会主义核心价值体系融入学校教育全过程，依法履行法律赋予的权利和义务；热爱教育事业和学校管理工作，具有服务国家、服务人民的社会责任感和使命感；履行职业道德规范，立德树人、为人师表、公正廉洁、关爱师生、尊重师生人格。

第二，育人为本。把促进每个学生健康成长作为学校一切工作的出发点和落脚点，扶持困难群体，推动平等接受教育；遵循教育规律，注重教育内涵发展，始终把全面提高义务教育质量放在重要位置，使每个学生都能接受有质量的义务教育；树立正确的人才观和科学的质量观，全面实施素质教育，为每个学生提供适合的教育，促进学生生动活泼地发展。

第三，引领发展。校长作为学校改革发展的带头人，担负着引领学校和教师发展、促进学生全面发展与个性发展的重任；将发展作为学校工作的第一要务，秉承先进教育理念和管理理念，建立健全学校各项规章制度，完善学校目标管理和绩效管理机制，实施科学、民主管理，推动学校可持续发展。

第四，能力为重。将教育管理理论与学校管理实践相结合，突出学校管理的实践能力和创新能力，不断提高与完善规划学校发展、营造育人文化、领导课程教学、引领教师成长、优化内部管理和调适外部环境等方面的能力；坚持实践、反思、再实践、再反思，强化专业能力提升。

第五，终身学习。牢固树立终身学习的观念，将学习作为改进工作的不竭动力；优化知识结构，提高自身科学文化素养；与时俱进，及时把握国内外教育改革与发展的趋势；注重学习型组织建设，使学校成为师生共同学习的家园。

该《标准》的基本内容分为六大领域，即：规划学校发展、营造育人文化、领导课程教学、引领教师成长、优化内部管理、调适外部环境。每一领域又提出了相应的专业要求，包括：专业理解与认识、专业知识与方法、专业能力与行为三个具体方面。比如在"优化内部管理"方面，其"专业理解与认识"的内容主要有："坚持依法治校，自觉接受师生员工和社会的监督。崇尚以德立校，处事公正、严格律己、廉洁奉献。倡导民主管理和科学管理，坚持教书育人、管理育人、服务育人。""专业知识与方法"的内容主要有："把握国家相关政策对校长的职责定位和工作要求。掌握学校管理的基本理论与方法，了解国内外学校管理的变化趋势。熟悉学校人事财务、资产后勤、校园网络、安全保卫与卫生健康等管理实务。""专业能力与行为"的内容主要有："形成学校领导班子的凝聚力，发挥党组织的政治核心作用，充分听取党组织对学校重大决策的意见。尊重和支持教职工代表大会参与学校管理的民主权利，定期向教职工代表大会报告工作，实行校务会议等管理制度。建立健全学校人事、财务、资产管理等规章制度，提高学校管理规范化水平，不得违反国家规定收取费用，不得以向学生推销或者变相推销商品、服务等方式谋取利益。努力打造平安校园，建立和完善学校各种应急管理机制，定期实施安全演练，正确应对和妥善处置学校突发事件。"

在实施要求方面，该《标准》指出：第一，本《标准》适用于国家和社会力量举办的全日制义务教育学校的正、副校长。各地可据此制订符合本地区实际情况的实施意见，并在执行过程中逐步完善。第二，各地应将该《标准》作为义务教育学校校长队伍建设和校长管理的重要依据，发挥其引领和导向作用，制订校长队伍建设规划、严格任职资格标准、完善校长选拔任用制度、推行校长职级制、建立校长培养培训质量保障体系、形成科学有效的校长队伍建设与管理机制，为实现义务教育均衡发展提供制度保障。第三，有关培训机构要将该《标准》作为校长培养培训的主要依据，重视校长的职业特点，加强相关学科和专业建设。根据校长发展阶段的不同需求，完善培养培训方案、科学设置培养培训课程、改革教育教学方式。注重校长职业理想与职业道德教育，增强校长教书育人、管理育人的责任感和使命感。第四，义务教育学校校长要将该《标准》作为自身专业发展的基本准则。制订自我专业发展规划、爱岗敬业、增强专业发展自觉性；大胆开展学校管理实践，不断创新；积极进行自我评价，主动参加校长培训和自主研修，不断提升专业发展水平，努力成为教育教学和学校管理专家。

为更好地帮助校长在多、杂、碎、烦的学校管理工作中扮演好学校管理者的角色，结合几年来我们参与联合国儿童基金会、国家教育部和有关省市基础教育发展项目的经验，特别是与不同类型学校的校长深度接触、感受其角色、分析其工作、深知校长工作的意义与价值的基础上，我们组织本领域的资深专家、学者共同编写了这套丛书。本套丛书共分六册，分别是《校长如何规划学校发展》《校长如何营造育人文化》《校长如何提升课程领导力》《校长如何引领教师成长》《校长如何优化内部管理》《校长如何调适外部环境》。

在该丛书的编写原则、基本要求上，我们注重：第一，切合中小学校长的阅读口味，让校长喜欢看，具有可读性；第二，以通俗易懂的方式呈现相关理论、模式、策略等，避免理论性过强；第三，注重选择经典案例进行分析；第四，清楚阐明某项事情的具体做法、技术要求等；第五，解决校长的现实困惑，提出明确的注意事项。

该丛书在编写思路上强调：第一，从各种相关资料（文献、校长微博或 QQ 等）中呈现校长遇到的某一领域的问题，发现其价值或意义；第二，清楚呈现该领域的核心概念、历史演变、相关理论等；第三，如何有效开展该领域的工作？解读中外经典理论、阐释重要理念，并结合中国实际，说明实施步骤、评价方法等；第四，介绍涉及的技术、模式、策略、方法等，会增加经典案例分析说明；第五，展现不同群体的评价与反思；第六，有关结论及对校长做好该领域工作的意见或建议。

真诚祝愿每位校长都能从该丛书中受益，祝大家成为中国的优秀校长。

楚江亭

于北京师范大学英东教育楼

2015 年 2 月 25 日

前　　言

一种工作或职业之所以能称其为专业，主要因为它通常具有三个重要特征：(1)独特性：一个专业要有被社会广泛认可或赞同的、系统的、独特的理论体系；(2)有效性：一个专业要为人的发展和社会进步带来显著效益；(3)不可替代性：一个专业具有权威地位、专业伦理及专业文化，这是其他专业不能轻易替代的。当前教育改革和学校发展越来越呼吁教师专业化的同时，也呼吁着校长专业化。校长作为专业人士，必然具有独特的、有效的、不可替代的专业特征。

《义务教育学校校长专业标准》为促进义务教育学校校长专业发展、建设高素质义务教育学校校长队伍提供了宏观专业指导。该标准是对义务教育学校合格校长专业素质的基本要求，是制定义务教育学校校长任职资格标准、培训课程标准、考核评价标准的重要依据。

"百年大计，教育为本；教育大计，教师为本"，教师是教育事业发展的主要推动力量。校长是履行学校领导与管理工作职责的专业人士，一个重要的专业职责就是引领教师成长，引导教师获得良好的专业发展。校长在管理理念、知识、能力与行为等方面担负着倡导、支持、服务与引领教师成长的重任。

本书围绕校长引领教师成长，从校长对引领教师成长的理解与认识、知识与方法、能力与行为三个方面加以探讨。

第一、二、三、四章，主要探讨校长要加强专业理解与认识。校长要视教师为学校改革发展最宝贵的人力资源，尊重、信任、团结和赏识每一位教师，将学校作为教师实现专业发展的主阵地，尊重教师专业发展的规律，激发教师发展的内在动力。

第五、六、七章，主要探讨校长要学习专业知识与方法。校长要把握教师专业素质的基本要求，掌握教师专业发展的理论以及指导教师开展教育教学实践与研究的方法，掌握学习型组织建设的方法以及激励教师主动发展的策略。

第八、九、十、十一章，主要探讨校长要培养专业能力与行为。校长要建立健全学校关于教师专业发展的制度，提倡校本教研，完善教研训一体的机制，指导教师根据自身发展特点制订专业发展计划，扎实开展师德师风建设，落实教师职业道德规范要求，关爱教师身心发展，维护和促进教师的心理健康。

本书每一章的基本结构为：

一、"案例及问题"，主要呈现针对教师管理的相关案例。

二、"分析与讨论"，对教师管理案例加以分析，并对校长管理加以讨论。

三、"管理与对策"，为校长如何管理教师提出指导和建议。

本书阅读对象适合于义务教育学校的正、副校长，以及关心教师专业发展的学校管理者们。希望本书为学校管理改进和促进教师专业发展尽微薄之力。

姚计海

目　　录

>>>>>>>>**第一部分　引领教师成长的专业理解与认识**<<<<<<<<<

第一章　教师是最宝贵的人力资源 …………………………… 3
　一、案例及问题：校长拥抱小学生的思考 / 4
　二、分析与讨论：学校管理为谁服务？ / 5
　三、管理与对策：教师是学校人力资源的核心力量 / 10

第二章　促进教师专业发展是校长的职责 …………………… 18
　一、案例及问题：校长是否要给学生上课？ / 18
　二、分析与讨论：校长的职责是什么？ / 22
　三、管理与对策：校长为教师专业发展负责 / 26

第三章　教学自主性是教师专业发展的内在动力 …………… 37
　一、案例及问题：教师的心态有问题吗？ / 38
　二、分析与讨论：教师消极被动的心态怎么办？ / 40
　三、管理与对策：提升教师教学自主性 / 50

第四章　教学自主权是教师专业发展的外在动力 …………… 57
　一、案例及问题：教室里的桌椅摆放谁说了算？ / 57

二、分析与讨论：从教学模式看教师的教学自主权/59

　　三、管理与对策：赋予教师教学自主权/65

>>>>>>>>第二部分　引领教师成长的专业知识与方法<<<<<<<<

第五章　教师的专业素质及其培养 ……………………… 79

　　一、案例及问题：这个学生的素质有问题吗？/79

　　二、分析与讨论：教师专业素质存在的问题/81

　　三、管理与对策：提升教师的专业素质/88

第六章　教师专业发展的理论与方法 …………………… 105

　　一、案例及问题：教师是专业人士吗？/105

　　二、分析与讨论：教师专业发展的内涵/107

　　三、管理与对策：校长要促进教师专业发展/113

第七章　建立学习型组织，正向激励教师发展 ………… 136

　　一、案例及问题：教师在办公室玩网络游戏怎么办？/137

　　二、分析与讨论：校长管理教师"网游"问题背后的教师观/138

　　三、管理与对策：营造学习氛围，提升教师的教学水平/148

>>>>>>>>第三部分　引领教师成长的专业能力与行为<<<<<<<<

第八章　鼓励教师开展教科研 …………………………… 163

　　一、案例及问题：一个关于教师对教科研态度的调查/164

　　二、分析与讨论：教师教科研的问题与反思/167

　　三、管理与对策：教科研是教师专业发展的有效途径/174

第九章　以有效沟通促进教师成长 ……………………… 181

　　一、案例及问题："你不要狡辩！"/182

二、分析与讨论：校长与教师沟通的重要性/183

三、管理与对策：以有效沟通促进教师成长/189

第十章 教师职业道德的建构与提升 …………………… 209

一、案例及问题：师德，一顶光彩夺目的高帽？/209

二、分析与讨论：教师应具备怎样的职业道德？/212

三、管理与对策：正确认识并提升教师职业道德/218

第十一章 维护与促进教师的心理健康 …………………… 241

一、案例及问题：教师为何变得如此冷漠？/241

二、分析与讨论：关于教师心理健康问题/243

三、管理与对策：维护与促进教师的心理健康/253

后　　记 …………………………………………………… 269

第一部分　引领教师成长的专业理解与认识

"引领教师成长"的专业理解与认识：

1. 教师是学校改革发展最宝贵的人力资源，尊重、信任、团结和赏识每一位教师。

2. 校长是教师专业发展的第一责任人，将学校作为教师实现专业发展的主阵地。

3. 尊重教师专业发展的规律，激发教师发展的内在动力。

——《义务教育学校校长专业标准》

为了实现对教师成长的引领，校长需要对教师有深刻的了解，对教师专业发展有深刻的专业认识。在学校管理中，校长要确立教师发展的核心地位，秉承以教师为本的管理理念，创设校本发展平台，引领教师获得良好的专业发展。校长应遵循教师专业发展规律，推动教师自主发展。校长要树立科学合理的教师观，积极主动地采取各种促进教师专业发展的方法措施，营造融洽、信任和相互支持的学校人际氛围，让学校成为教师发展的主阵地，为教师的专业成长提供坚实的发展平台和空间，并创设更多的机会、提供丰富的资源与充分的支持，激发教师成长的内在动力，引领教师实现自主发展。

第一章　教师是最宝贵的人力资源

教师是教育之本，是整个教育事业发展的人力资源基础。学校教育要实现发展，必须不断适应时代需求而进行改革，学校教育改革方案的实施和教育改革目标的实现，离不开教师队伍的大力支撑。校长要认识到，教师资源的有效配置和合理使用是实现义务教育及其均衡发展的关键，教师队伍力量的壮大和质量的提升以及教师专业发展水平的提高是保证基础教育任务高质量完成的根本所在。只有以教师为学校发展的核心力量来推动学校教育事业不断发展，才能最终实现科教兴国、人才强国的战略目标。

从学校层面看，教师作为学校改革发展最为宝贵的人力资源，其队伍力量的强弱在很大程度上决定了一所学校教育质量的优劣。校长要把教师发展放在学校战略发展的高度上，视教师发展为学校发展的核心，坚持以教师为本的理念，给予每一位教师尊重、信任和赏识，并团结每一位教师的力量，共同努力实现学校发展。

一、案例及问题：校长拥抱小学生的思考

有一次，我带领一群校长访问一所在当地颇有名气的小学。为了了解这所小学的办学特色，我们参观了校园并与教师们进行座谈交流。

这所学校的校长热情地接待了我们，并亲自带领着我们参观校园。在参观校园的过程中，我看到这位校长亲切地与在校园里和教学楼道里遇到的小学生们问好，小学生们也愉快地向校长问好。有的时候，小学生们看到校长后，也主动向校长问好，还向我们问好。这位校长还时不时地蹲下来，充满爱心地拥抱一些低年级的小学生，这些可爱的小学生们也快乐地张开双臂拥抱校长，让人感到其乐融融，一片温暖和谐的校园景象。

然而，当这位校长带领着我们与学校的部分教师座谈时，我发现这位校长对待教师的态度和方式相比学生而言却发生了很大转变。校长对待教师的态度是严肃的、冷静的，对待教师的方式是严厉的、命令的。如果这位校长在此前对待小学生的态度和方式也是如此，那么这可能反映出校长的某种个性特征，但是，校长既然可以热情地接待我们，亲切地对待小学生，并热情地与他们问好和拥抱，这意味着校长并不缺乏亲和、热情的个性特征，那么，校长为什么不能对教师们亲切一点儿、热情一点儿呢？校长为什么不能给教师们一个温暖的、充满关怀的"拥抱"呢？

这位校长热情地拥抱小学生本身没有什么不好，从小学生的回应可以看出，小学生也能感受到校长的关心和爱护。同时，也不能武断地认为这位校长以那样严肃、冷静的态度和严厉、命令的方式对待教师有什么不对,但是这位校长对待学生与教师的反差太大,不禁发人深思。

(1)在学校管理中,校长的管理对象是谁?是学生?还是教师?或是其他什么人?

(2)校长应该如何对待教师?校长应该如何管理教师?

(3)校长在学校管理中的职业角色和责任是什么?

二、分析与讨论:学校管理为谁服务?

(一)学校管理的服务对象

在与许多中小学校长讨论学校管理问题时,我经常问校长们一个问题:"学校管理为谁服务?"当问及这个问题时,校长们往往有四种答案:一是学生;二是教师;三是家长;四是社会。其中,回答最多的是:"学校管理为学生服务。"在与校长讨论的过程中,我排除了"社会"这个答案,因为广义而言各行各业都是为"社会"服务的,它不是学校管理特定的、直接的服务对象,而且家庭与学校也是社会的一部分,它们并不是并列的关系。

当我追问校长:"如果学校管理为学生服务,那么学校教育为谁服务?"回答最多的还是"学校教育也为学生服务"。于是,我再次追问校长:"如果这样理解,那么学校管理与学校教育有什么区别呢?"这时,有些校长就会提出,学校管理既为学生服务,也为教师服务。我继续追问:"学校管理到底为谁服务?学生?还是教师?"

一些看似众人皆知的问题,当我们真正思考时,却发现我们实际上并不清楚答案是什么。如果不问学校管理为谁服务,校长们似乎都知道它的答案，然而一旦深入追究这个问题，校长们却似乎对它并不清楚。学校管理为谁服务？这个看似简单的问题，校长们的理解却并不一致，这算是校长们对此问题多元化理解的表现吧。不过，校长应当对这个问题有一个明确清晰的解释，否则，学校管理就可能迷失方向。

为了回答以上问题，首先回答一个简化的问题：管理为谁服务？这个问题似乎不难回答，校长们大多会说"管理为管理对象或被管理者服务"。那么，学校管理的对象是谁？校长们大都会明确指出，"学校管理的对象是教师"，与此同时，校长们也明确认识到，"学校教育的对象是学生"。

这时，应对学校管理和学校教育的服务对象加以明确区分：学校管理为教师发展服务，而学校教育为学生发展服务。校长作为学校管理者，其服务对象自然就是教师及其发展。

(二)校长如何对待教师

教师是学校管理最重要的服务对象，校长的管理活动应该以为教师发展服务为核心。明确这一点，回头看本章之初的案例，虽然那位校长热情拥抱小学生的做法无可厚非，它体现着那位校长对小学生的关爱和友善，但是，那位校长热情地拥抱小学生的时候，其职业角色并不像是校长，而更像是教师或家长。

在学校教育中，关爱学生发展是教师的根本职责，教师是关爱学生发展的人。而关爱教师发展应该是校长的根本职责，校长是关爱教师发展的人。当一位校长关爱学生发展时，他代为行使的是教师的教育职责，而不是校长本身拥有的管理职责。因此，对于作为学校管理者的校长而言,是否热情友善地拥抱小学生就显得并不重要了,而重要的是校长是否热情友善地"拥抱"教师,即校长是否关爱教师,关心教师发展与成长。

校长以热情友善的态度去"拥抱"教师,关心和重视教师的发展,是校长的管理职责所在,因为教师是学校发展过程中最宝贵的人力资源。正如彼得·德鲁克(P. Drucker)所指出的那样,员工是组织管理中真正的资源。对于学校组织而言,管理中所要开发的人力资源就是教师,校长的管理真正要面对的是教师,校长要以关爱、友善的态度和方式对待教师,开发教师人力资源,引领教师专业发展。

《义务教育学校校长专业标准》明确指出,教师是学校改革发展最宝贵的人力资源,校长要尊重、信任、团结和赏识每一位教师。

(三)校长如何管理教师

学校要实现学生的健康成长,实现学校的优质发展,教师是其根本。校长必须始终坚持以教师发展为核心、以教师为本的理念,以尊重、信任、团结和赏识的观念与态度来对待教师。

1. 校长要尊重每一位教师

人与人之间的尊重是无条件的,任何人都有被尊重的需要和权利,教师也不例外。教师作为学校发展最重要的人力资源和核心力量,应该获得广泛的尊重,也包含校长的尊重。

校长要把每一位教师视为人格平等的人,与教师平等相待,实施民主管理。虽然校长与教师有职务高低之分,一个是管理者或领导者,另一个是被管理者或被领导者,但是他们在人格上没有尊卑之别,他们的尊严是平等的,都应该获得应有的尊重。因此,在人格层面上，校长不能"俯视"教师，而必须"平视"教师。同时，校长作为教师发展的引领者，要从理念、认识和情感上理解教师、关心教师，尊重每一位教师的人格，尊重每一位教师的专业发展需求，尊重每一位教师的心理特点，尊重每一位教师的教育教学工作及其劳动成果。

最为关键的是，校长要重视教师的专业发展，把教师专业发展放在学校管理的重要位置上，想方设法促进教师专业发展，因为教师是否获得良好专业发展关系到学校管理是否真正取得实效。

2. 校长要信任每一位教师

信任是开启人们心扉的钥匙。从信息加工的角度来看，人际信任影响着信息传递的有效性，当信息接受者信任传递者时，接受信息的可能性会更大(Adler & Rodman，1991)。[1] 相反，人与人之间的不信任将会成为阻碍团队协作和削弱组织向心力的绊脚石。

从管理学的人性假设来看，校长对教师的信任就是要把教师视为积极的、自主的、有自我实现意愿的个体，要相信教师的能力和发展潜能，要根据教师的发展状况充分地给教师授权，要允许教师参与学校教育教学活动的管理决策。

校长应该给每一位教师以信任，营造一种充满信任的人际氛围和校园文化。校长通过掌握良好的沟通和人际交往技能，建立积极稳固的"校长－教师"工作关系和人际沟通网络，将能够减少工作中的误会和冲突，增进彼此间的信任，从而有效地激励教师发展，引领教师尽职尽责地为实现学生的健康成长和学校的共同愿景而努力。

---

[1] Adler，R.B.，G.Rodman. Understanding human Communication［M］.Fort Worth，TX：Holt，Rinehart，and Winstons，1991.

3. 校长要团结每一位教师

学校的发展目标不是校长一个人的力量所能够实现的，也不是单个或少数教师的努力能够达成的。"团结就是力量"是至理名言，学校管理也是如此。如果在学校管理中人与人之间存在不团结的因素，则会给学校的效能和可持续发展埋下危机隐患。

学校发展要依靠每一位教师组成的集体力量，校长管理教师要注重调动每一位教师的工作热情，发挥每一位教师的教育教学作用，提升每一位教师的职业素养，在最大程度上形成对学生的教育合力，促进学生发展，实现学校教育目的。校长需要团结每一位教师，推动教师全员参与学校管理，激励教师充分发挥自身的特长和优势，并贡献自己的智慧和力量。校长将全体教师的力量拧成一股绳，建立一支相互促进、协同一致、团结合作的并具有超强凝聚力的教师队伍，是实现人才强校的根本保障。

4. 校长要赏识每一位教师

人性本质中最殷切的要求之一，便是渴望被认可、被肯定、被赏识。获得赏识、赞扬和鼓励对于教师来说非常重要，正如一位优秀教师所言："得到赏识的教师笑是甜的，不被理睬的教师笑是淡的，受指责和打击的教师笑是苦的。"[①] 校长赏识每一位教师就是要充分认识和关注教师的教育价值，并予以积极的评价，予以赞美和鼓励。校长赏识每一位教师就是要及时、恰当地对教师的工作努力和成果给予肯定、赞美和表彰，对教师将要实施的教育教学活动给予鼓励和支持。

---

① 吴新能. 让每一位教师都得到赏识[J]. 教书育人，2001(23)：46.

因此，校长要了解每一位教师的发展特点，接纳教师在教育教学方面的缺点或不足，关注教师的优点和进步，引导教师发挥自身的优势，帮助教师实现教育理想和人生目标。

三、管理与对策：教师是学校人力资源的核心力量

(一)什么是教师？

对学校教育而言，"教师"这一概念通常有两层含义：一是从事学校教育教学活动、具有专业性的社会职业；二是承担这种社会职业的人或个体。可见，教师首先是"社会人"，其次是"专业人"。

我国《教师法》明确指出："教师是履行教育教学职责的专业人员，承担教书育人，培养社会主义事业建设者和接班人、提高民族素质的使命。教师应当忠诚于人民的教育事业。"作为专业个体，教师是学生发展的直接影响者。"师者，所以传道授业解惑也"，教师被誉为"园丁"和"人类灵魂的工程师"等。

在学校中，教师耕耘在教育教学的第一线，担负着向学生传递人类科学文化知识和技能，传播做人的道理，发展学生的身心素质，对学生进行思想道德教育，用爱心和耐心努力培养学生成为社会需要的人才等重要责任。学生的学业发展高度依赖于教师的专业发展水平。只有教师拥有渊博的知识，掌握国内外重要的、前沿的教育教学理念和方法，并投身于教育教学实践活动之中，才可能不仅做到"授之以鱼"，而且做到更重要的"授之以渔"，使学生成为学会学习并乐于学习的人才。

因此，教师要有德才兼备、教书育人的专业素养。对于教师的"德"与"才"，就其专业性而言，有着特定的内涵，校长对此要有所理解和思考。

1. **教师是有"才"之人**

这里的"才"指的是教师的专业才能，教师作为专业人士应有相应的才能，它主要包括四个不同层次。

（1）教师是有专门学问的人，这是强调教师有自己所教学科方面的才能。

（2）教师是懂得如何把专门学问教给学生的人，这是强调关于教育学、心理学等如何教育教学的才能。

（3）教师是愿意或乐于把学问教给学生的人，这是强调教师能够调控自身职业情绪情感，并激发自身职业动力。

（4）教师是有效地把学问教给学生的人，这是强调教师努力实现教学目标，取得教学成效。

2. **教师是有"德"之人**

这里的"德"指的是教师的职业道德。作为一名合格的教师，至少要具备普通社会人应具备的公共道德；作为一名优秀的教师，要拥有良好的、高尚的职业道德修养。

然而，关于教师的职业道德还存在一些值得商榷的地方，比如，教师职业道德的内涵到底是什么？教师职业道德对学生发展真的具有决定意义吗？教师应该具有高尚的师德，还是应该具有基准的师德（所谓"基准的师德"，即符合普通社会人的道德规范）？此外，从教师管理的视角来看，校长对教师专业发展的引领主要是针对"才"，还是"德"？如果说教师需要"德才兼备"，那么"德"与"才"孰轻孰重？这些

问题都值得深入思考。(对此内容,本书将在第十章"教师职业道德的建构与提升"中予以深入探讨)

(二)什么是管理?

在管理学中,"管理"这一概念一般包含三层含义:一是对组织的控制或领导;二是控制或领导组织的方法或技能;三是指组织的领导者。可见,管理与组织不可分割,管理是针对一个组织的管理,因此,明确组织的含义显得非常重要。

1. 什么是组织?

从"组织"一词的本义来理解,"组(組)"是指装饰性的丝绳或绶带,"织(織)"是指编织,制作布帛。"组织"的意思就是用丝绳或绶带制作出特定图案或样式的布帛。因此,在织布之前会预想把丝线织成什么样子的布,这就是"组织"的目标。

对于学校而言,学校组织就是把人们以相应的机制或规则联系在一起,以实现特定的学校发展目标或蓝图。学校将发展为何种状态,就是学校管理希望达成的组织目标。

对于一个组织而言,一般有三个不可缺少的要素。

(1)组织要有目标。每个组织都有一个明确的核心发展目标,这个目标可以分解为阶段性的、不同类别的子目标,它们都围绕着组织发展的大目标。组织发展的目标状态就像一匹将要织成的特定图案的布帛,要把丝线织成什么样的布帛,就要进行相应地"组织"。

(2)组织的实体是人。每一个组织都是由一群人组成的。单独一个人不能称其为组织,至少两个人并建立特定的相互关系,才可能形成一个组织。组织的实质是人与人为实现共同目标而产生的相互支持的人际作用。

(3)组织要有结构或规则。为了实现组织目标,人们要进行不同分工与协作,组织要对每一个成员的工作加以明确并区分职责,因此,组织需要建立一个管理结构系统,一群人为了实现组织目标,需要通过管理对每个人的职责与行为加以不同的规范和引导。

可见,组织是由两个或两个以上的个体为实现共同目标(组织目标)而形成的人际结构,并按一定规则从事活动的群体或社会单位。

2. 什么是管理?

关于什么是管理,一种观点认为,管理是指同别人一起或通过别人使活动完成得更有效的过程。① 这种对"管理"的理解较为全面深刻,不过,应对管理者的角色有必要进一步加以明确,即管理者是与别人一起工作的人,还是通过别人来完成工作的人?一般来讲,在实现组织发展的过程中,管理者与"别人"有着不同的工作职能,否则管理者就不能称其为"管理者"。

管理者是组织或引领群体发挥力量以实现组织目标的人。管理的内涵应该强调它是通过发挥群体(别人)的力量来实现组织发展目标。因为管理者既可以发挥群体一员的作用,但这个时候他并不是管理者,只有作为群体的引领者或领导者的时候,他才是管理者。管理者需要对组织发展做出关键决策,对组织资源或利益加以合理分配,要对组织员工加以指导和引领。正如,一位校长进课堂上课时,他的职业角色不是校长,而是教师。只有当这位校长领导或管理教师时,他的职业角色才是校长。

---

① [美]斯蒂芬·P·罗宾斯.管理学(第四版)[M].黄卫伟,孙建敏,等译.北京:中国人民大学出版社,1997:6.

对于学校而言，管理就是校长通过发挥教师群体的力量实现学校发展目标的过程。对于校长而言，学校管理者就是组织或引领教师群体发挥力量以实现学校目标的人。现代学校管理非常重视教师的因素，强调教师在管理中的重要地位，现代学校管理的目标及其实现在于满足教师的发展需要，建立教师人力资本的激励机制，通过教师的发展来实现学校的发展。

那么，结合以上分析，不难回答这个问题：作为学校管理者，校长要组织或管理的人是谁？是学生？是教师？还是其他什么人？显然，教师是学校人力资源的核心力量，校长组织管理的对象是教师，校长的管理职责在于引领教师成长。[①]

(三)校长要视教师为重要人力资源

1. 人力资源管理与人事管理的区别

教师是学校重要的人力资源，这种说法体现着对人的管理从传统"人事管理"向"人力资源管理"的价值转变。在传统管理中，对人的管理往往称之为"人事管理"，相应的部门也称之为"人事部"或"人事处"等。而随着管理理念的不断改进，现代管理在许多组织中已经改变了这种称谓，称之为"人力资源管理"，相应的部门也改称为"人力资源部"或"人力资源处"，以强调人力资源的重要性及管理的服务功能。

我国于2008年将人事部与劳动和社会保障部合并，更名为"人力资源和社会保障部"，正反映出从"人事管理"向"人力资源管理"理念及职能定位的转变。我国教育部于2012年把"师范教育司"更名为"教

---

① 关于校长的管理职责，将在本书第六章"教师专业发展的理论与方法"中予以深入探讨。

师工作司",将人事司、职业教育与成人教育司的相关教师工作职责划转到教师工作司。教师工作司的职责是规划、指导各级各类学校的教师队伍建设,拟订教师教育和教师管理政策法规,拟订各级各类教师资格标准并指导教师资格制度的实施,宏观指导教师教育和教师管理工作。这也体现出我国对教师发展及其管理理念、管理目的、管理模式、教师在管理中的角色和管理者对待教师态度等方面的转变。

表1-1 人力资源管理与人事管理的区别

	人力资源管理	人事管理
管理理念	人力资源管理视教师为有价值的重要资源,强调教师是积极主动的个体,关注管理为教师发展服务	人事管理视教师为成本负担,强调教师是消极被动的个体,关注管理对教师的控制和束缚
管理目的	满足教师专业发展的基本需求,注重教师资源开发,实现学校组织的长远发展	注重把教师管住,忽视教师资源开发,注重学校组织的短期发展,而忽视长远发展
管理模式	以为人为中心,丰富的,系统的	以事为中心,单一的,分散的
教师角色	在管理过程中,教师是决策的参与者	在管理过程中,教师主要是决策的执行者
对待教师的态度	管理者对待教师的态度是尊重的、民主的、平等的	管理者对待教师的态度是命令的、专制的、俯视的

目前,许多学校主管部门仍然使用"人事处""人事科"等称谓,这类名称是否改变也许并不重要,重要的在于是否转变其管理理念与职能定位,是否视教师为学校的人力资源,视教师为发展的核心力量。对于学校的校长而言,这种管理理念与职能定位的转变关键在于其是否视教师为促进学校发展的人力资源核心力量,是否重视教师专业发展,是否以教师为管理服务的对象。

现代组织管理的基本理念在于视员工为人力资源，注重开发员工的智慧和潜能。对于学校而言，学校管理要重视教师的专业发展，服务于教师的专业发展。

2. 教师是学校人力资源的核心力量

不可否认，校长是管理学校发展和引领教师成长的关键人物，校长发挥着领导者的作用，没有校长的有效领导，学校就很难汇聚教师群体的力量，就难以实现学校发展的目标。校长是学校领导的核心力量。

但是，这并不意味着一位优秀的校长就一定可以使学校获得成功发展。学校发展真正依靠的是教师，教师是学校人力资源的核心力量。即使学校有一位优秀的校长，但是如果他忽视教师这一人力资源，忽视发挥教师在学校建设中的作用，那么这位校长再优秀也难以实现学校的成功发展。

从人力资源管理的视角来看，校长管理教师，要把教师视为学校发展的重要人力资源。在校长的管理理念中，要视教师为有价值的重要资源，强调教师是具有主动发展意愿的个体，关注为教师获得良好的发展服务。校长管理教师的目的不在于把教师"管住"，让教师"听话"，而在于满足教师专业发展的基本需求，注重开发教师人力资源，在此基础上实现学校组织的长远发展。因此，校长对教师的管理不是以事为中心，单一的、分散的管理，而是以人为中心，丰富的、系统的管理。校长对教师的态度不是命令的、专制的、俯视的，而是尊重的、民主的、平等的。教师在学校管理体系中的角色不是简单的执行者，而是既有决策执行者的角色，也有决策参与者和制定者的角色。

本章思考题

1. 教师的内涵是什么？为什么说学校管理的服务对象是教师？

2. 校长如何尊重、信任、团结和赏识每一位教师？

3. 人力资源管理与人事管理有何不同？为什么说教师是学校人力资源的核心力量？

第二章 促进教师专业发展是校长的职责

校长作为一所学校的决策者和领导者,在促进教师专业发展过程中扮演着引领者的角色,对引领教师专业发展负有最为重要的责任。学校是教师开展专业活动的主要场所,也是教师实现专业发展所依赖的主要环境,正如《义务教育学校校长专业标准》所言:"校长是教师专业发展的第一责任人,将学校作为教师实现专业发展的主阵地。"因此,校长在引领教师专业发展过程中,要将学校作为实现教师专业发展的主阵地。确切地说,校长要遵循教师专业发展的基本规律,为教师提供有助于专业发展的校本资源和各种支持,帮助教师实现良好的专业发展,使教师成为促进学校发展的中坚力量。

一、案例及问题:校长是否要给学生上课?

在讨论校长如何管理好教师,如何指导和促进教师获得良好专业发展之前,先要明确校长管理的内涵是什么?校长的管理职责是什么?为此,针对当前学校上级主管部门在管理校长时经常使用的一种管理举措——校长一定要给学生上课,我们讨论一下校长是否一定要给学生上课。

教学活动是学校最基本的日常工作,也是学校管理的中心工作,但是校长作为学校管理者是否也应该从事教学工作,进课堂给学生上课呢?长期以来,有些地方的学校主管部门明文规定校长必须上课,并且对不同类型学校的校长每周必须上多少节课提出了具体要求。甚至,有的地方甚至规定校长的周课时数要达到教师的平均水平。

对这类管理规定,看法不一,有赞同者,也有反对者。

(1) 赞同或支持的观点

这类观点认为,校长的主要职责是学校管理,学校管理的中心工作是管理好教师的教学活动,校长最重要的职责之一是对学校教学工作的管理和对教师教学工作的指导。校长要进行有效的教学管理和指导,就必须要熟悉和把握教师的教学工作,就应该走进课堂给学生上课,这样才可以真正了解教师教学的实际状况,切身体会教师的教学真实感受,管理教师的教学工作就会更加科学合理。

如果校长不进课堂上课,就难以准确了解和把握教师的教学活动,更难以管理好教师的教学工作。校长不上课就容易脱离教学基层、脱离教学一线、脱离教师群体,就掌握不了学校的教育教学实际情况,就不清楚教师们头脑中教育教学理念,就不明确学校教学工作亟须解决的问题和困难。

校长只有进课堂上课,深入到教学活动之中,深入到学生当中,才能真正管理好教师的教学。校长只有亲自体验实施课堂教学活动的感受,掌握和运用教学活动的规律和方法,才能够有效指导教师的教学活动。那些不上课、不深入教学一线的校长,对学校的教学管理只能是"盲人摸象"。长此以往,校长可能会丧失全面领导学校教育教学的能力，也难以真正履行校长促进教师专业发展的责任。提倡校长进课堂上课，旨在校长通过亲自备课、上课、课堂互动等教学环节，真实地了解学校的教学现状，提升教师的专业水平，引领教师的专业发展。

而且，现任的中小学校长，有不少是从一线教学岗位上成长起来的，其中不乏教学经验丰富的教学名师或特级教师。一些人当了校长后，不再给学生上课，就变身为"行政官员"，脱离了一线教学，实属对优质教学人力资源的浪费。

这种观点也得到了一些校长的认可，有些校长自己也认为，校长亲自上课与不上课时的管理感受完全不同，校长上课特别有助于了解教学、了解教师、了解学生的特点及发展规律。校长在课堂上与学生交流的过程中，能发现一些不上课时难以发现的问题，这非常有助于校长的教学管理。

一些流传广泛的说法都表达了对这种观点的赞同，比如："校长应该是从事教学工作的行家里手""一个好校长首先必须是一个好教师""一个好校长必须精通教学，上好课"等。

(2)不赞同或反对的观点

这类观点认为，随着教育的发展，校长管理工作越来越被视为一种专业活动，校长也被视为一种专业化的管理人才，这与教师作为专业化的教学人才有着质的不同。校长要管理好学校，办出学校特色，创出学校品牌，这需要校长具有先进的办学思想和管理理念，而不在于其教学是否优秀，更不在于其是否进课堂给学生上课。

校长的职责在于管理好教师，通过提升教师的教育教学素质，进而促进学生的发展。因此，校长是否上课并不重要，重要的是校长能否管理好教师的课堂教学，帮助和引导教师提升教学水平、提高教学效率，通过教师的力量来实现学校教育教学目标。校长可以采取听课、评课的方式，来走进课堂、走近教学一线教师，了解教师的教学情况，而不一定要亲自上课。我们经常会看到这样的现象：一些没有给学生上课的校长，其学校管理非常优秀，而一些奔走于课堂为学生上课的校长，其学校管理工作却并不出色。

事实上，一些校长管理不好教师，与不进课堂给学生上课并没有关系，原因往往在于一些校长被教育经费、学校安全等问题以及各种事务性的管理工作牵涉了大量的时间和精力，于是一些校长无暇关注教师的教学质量，即使想关注，也感到心有余而力不足，从而弱化或忽视了对教师教学的管理。这是当前学校教育及其管理制度存在的问题导致的不良结果。有的校长明确表示，目前校长的事务性工作过多，上课与管理难以兼顾，实在没有时间和精力上课，硬撑着上课，还不如不上课。

此外，一些赞同校长上课的观点也很容易受到质疑。这些观点看似合理，而实质上却没有逻辑上的关联，比如"校长要先成为一名优秀的教师，然后才可能成为一名优秀的校长"。这类观点过于主观臆断地认为"教而优则仕"，校长必须从教学优秀者中提拔，然而这种看似规律性的说法并没有确凿的客观依据。即使校长是一名教学优秀的教师，这并不意味着他的学校管理工作就一定优秀，也不意味着校长因为教学优秀就一定会理解教师心理、重视教师成长、关心教师专业发展。因为，校长有效地管理教师的关键在于其良好的管理素质，而并不取决于其教学素质。许多教学优秀的教师并不能成为优秀的校长或管理者，相应地，许多优秀的校长也未必是优秀的教学专家。

有观点指出，校长要抓教学，就应该经常走进课堂听课与评课，这样才能熟悉教师的教育教学工作，理解教师的教学理念与方法。这恰恰反映出对校长管理素质的要求，并不意味着校长一定要亲自上课，更不意味着校长一定是从事教学工作的专家。

也有观点指出，校长上不上课，应该因人因校而异。比如，校长如果是特级教师或教学名师，而且又处在中青年阶段，就可以考虑带自己专业领域的课程，在学校中起带头示范和引领的作用。但是，如果有的校长年龄偏大，或者有些学校规模较大，管理的事务较繁杂，就可以考虑把主要精力放在学校管理上。

二、分析与讨论：校长的职责是什么？

（一）教学是教师的核心职责

一个校长是否可以给学生上课？答案是肯定的，当然可以。从一线教学走上学校管理岗位的校长当然可以给学生上课。以前从事过优秀教学工作的校长都有理由、有权利走进课堂为学生上课。

但是，校长是否一定要给学生上课？答案却不是肯定的。校长的管理职责与教师的教学职责有着质的不同。当一位校长给学生上课时，他在课堂中的职业角色将不是校长，而是教师。即使这位校长的课堂教学再好，他所履行的并不是校长的职责，而是教师的职责。

教师的核心职责在于为了促进学生良好发展而努力实施教学及学生管理工作。课堂是教师引导学生发展的主阵地，课堂教学是学校教育教学的主要活动。作为一名具有良好教学素质的教师，必然要对有关教育教学的理念与方法有着深入的理解和认识，并在理论学习和教学实践过程中，不断提升自身的教学水平。

对于一所学校而言，为了实现学校教育目标，为了培养具有良好素质的学生，必然要有一批能于教学、善于教学、乐于教学的教师队伍作为学校发展和学生培养的人力资本保障。校长的核心职责就在于开发与管理好这些作为学校人力资本的教师队伍，积极采取有效的管理举措，帮助和支持教师获得良好的专业发展，提升教师的教学水平和实效。

(二)管理是校长的核心职责

不可否认，有些校长有着引以为豪的教学经历，其教学水平非常高，但这与他是否是一个合格的校长并没有直接的关系，教学是教师的核心职责，并不是校长的核心职责。课堂是教师引导学生发展的主阵地，学校是校长引导教师专业发展的主阵地。正如《义务教育学校校长专业标准》中明确指出："校长是履行学校领导与管理工作职责的专业人员。"

对于校长而言，管理是校长的核心职责，其核心管理职责的重点是管理教师，引导教师获得良好的专业发展，进而提升学校管理效率，促进学校发展和学生成长。校长亲自实施教学活动并不是其作为学校管理者(校长)的职责。一个课上得再好、教学水平再高的校长，并不一定能成为一个好校长。而只有管理好教师，引导教师获得良好发展的校长，才能称之为好校长。因此，"一个好校长意味着一所好学校"的说法并不确切，确切的说法应该是"一个管理好教师的校长才意味着一所好学校"。一个管理不好教师、不能引领教师专业发展的校长，一定不是一个好校长，无论这位校长自身教学水平有多高。

(三)校长要努力促进教师发展

从教育规律来看，学校教育对学生未来发展具有不可替代的、奠定基础的作用，教师对学生的发展具有长远深刻、潜移默化的作用，而校长对教师的发展具有至关重要的引领和指导作用。教师成为教学专家，校长成为管理专家，这已成为社会进步和教育变革对学校发展的期望。从教育管理视角来看，成功的学校要有优秀的教师作为人力资本，教师的良好发展要有优秀的管理者来引领。教师的发展影响着学生的学业成长与未来发展，学校管理改进与管理水平提升影响着教师的发展。

《义务教育学校校长专业标准》中明确指出："校长是教师专业发展的第一责任人，将学校作为教师实现专业发展的主阵地。"学校教师队伍的教育教学合力是促进学校发展与改进的最大动力，学校教育目的的实现离不开教师队伍的共同努力。

具体而言，教师是学校各方面活动的直接感受者、参与者和实施者，他们对学校的发展及其存在的问题有着切身的认识和体会，对学校未来发展和进一步完善有着强烈的需求和期望。学校管理者要调动广大教师从事教学工作的积极性、主动性和创造性，重视学校管理对教师人力资源的投入、开发和有效配置，这将会为学校的发展与改革带来强大的动力和希望。因此，校长要坚持"人才强校"的管理理念，把教师发展放在学校管理的核心地位，为教师的成长提供足够的时间、空间及各方面的条件支持，提高广大教师对学校事务的参与度，激发广大教师的教学自主性和教学热情，这是学校管理实现可持续发展的必要途径。

《国家中长期教育改革和发展规划纲要(2010—2020年)》中明确指出:"百年大计,教育为本""教育大计,教师为本"。在国家教育发展战略的高度,教师被放于"本"的位置上,校长在学校管理中也必然要把教师放在"本"的位置上,真正认识到教师的课堂教学要以学生发展为本,校长管理好学校要以教师发展为本。一个学校只有拥有一批素质良好的教师队伍,才真正意味着学校的有效发展和学生的良好培养。那种忽视教师发展和师资队伍建设的学校管理,势必失去学校发展的人力资源支柱,学校将难以获得真正富有实效的发展,学生也将难以获得真正富有实效的培养。

校长有效地管理教师,要注重以下几个方面的管理工作。

1. 有效地管理教学

课堂是教师教育学生的主要场所,教学活动是学校教育活动的核心内容,教学管理是学校管理的核心工作,因此,校长管理教师的核心职责在于抓好教师的教学工作,注重提升教师的教学水平,引领教师有效地开展教学活动。

2. 有效地管理教师专业发展

教师有效地开展教学工作,要以其良好的专业素养为前提。教师成为专业化的教育者,是学生良好学业发展的根本保障,因此,校长要关注教师专业发展状况,采取积极有效的管理措施,促进教师获得良好的专业发展。

3. 有效地给教师提供管理支持

教师要获得良好的专业发展,需要有相应的管理支持,校长要为教师专业发展积极创设学校条件和文化氛围。特别是校长在管理教师过程中需要关注教师专业发展遇到的各种困惑和问题,并积极地向教师提供相应的管理支持。比如，科学的教师管理理念、合理的教师管理制度、积极的学校人际氛围等。

三、管理与对策：校长为教师专业发展负责

在学校管理中，有些校长经常"事必躬亲、亲力亲为"，与学校教师们一起从事教学活动，一起"冲锋陷阵"，这无可厚非，而且在此过程中，校长也可能会赢得教师们的信任和尊重。但是这个时候，校长的职业角色不是管理者，而是教师，这并不代表校长尽到了管理职责。校长的职责是引导教师发展好，把学校管理好，这个时候校长的职业角色才是管理者。

因此，校长是否一定要给学生上课呢？基于以上分析，可以很容易回答这个问题。校长作为学校教师群体的一员，当然可以给学生上课，但是校长作为管理者，不一定要为学生上课，其核心职责是管理好教师们上课，在履行管理职责的同时，校长给学生上好课可以起到锦上添花的作用。但是，就校长履行其管理职责而言，重要的不是上好课，而是一定要经常进课堂听教师们上课，而且还要懂课，会评课，能指导教师改进教学，这才属于校长的管理职责范畴。

(一)校长要坚持校本原则

对于学校管理而言，校本原则指的是校长要立足于本校实际情况，根据学校的发展目标，结合教师的发展需求，促进教师专业发展，最大限度地将学校作为教师专业发展的活动场所或主阵地。因此，校长引领教师专业发展，必须坚持校本原则。

首先，各个学校有其自身独特的发展特征，并且所处的发展阶段不同，因此教师专业发展的方向、内容和紧迫程度都可能有所不同。校长在指导教师专业发展时，要结合本校各方面发展的实际情况和教师的发展需求，设计适应本校校情的教师专业发展目标与方案。

其次，教师专业发展是学校发展的重要组成部分，其教师专业发展目标的设定必须适应于学校的整体发展方向和目标。如果教师发展需求与学校发展目标相悖或冲突，将会损害教师与学校其中一方的发展利益，导致发展力量的抵消，甚至出现"两败俱伤"的局面。因此，校长需要引导教师的专业发展，使其与学校整体方向和目标相一致，在相互调适中共同进步。

最后，学校的教育教学实践情境是教师最佳的专业发展活动场所，校长只有将学校作为教师专业发展的主阵地，才可能有效地指导教师实现稳步、健康的专业成长。在学校相关活动中，校长要积极安排教师的专业发展活动，使教师专业发展与学校的实际教学情境相结合，并根据学校的教学实践，积极探索教师专业发展之路。

(二)校长要提供资源支持

教师专业发展需要一定的学校资源的支持，校长必须充分挖掘学校的各种资源，在物质、信息和时间等方面为教师提供必要的资源支持。①②

首先，教师在学校开展教育教学和专业发展活动需要具备基本的物质条件。作为学校资源的管理者和调控者，校长应重视对教师专业

---

① [美] Marilyn Tallerico. 校长引领教师专业发展[M]. 卢立涛，等译. 北京：中国轻工业出版社，2008：108-113.

② Phyllis H. Lindstrom, Marsha Speck. The Principle as Professional Development Leader[M]. Corwin Press, 2004：81-87.

发展的投入，在分配使用学校的物质资源时，树立教师发展优先的意识，尽可能满足教师专业发展必要的物质需求。

其次，教师的专业发展在很大程度上依赖于充足而有价值的信息资源，比如，教育文献、期刊、教学网络信息等。从信息加工的视角来看，教师专业发展的过程也是教师对专业信息的吸收、加工、提取和运用的过程。因此，信息资源也是教师专业发展所需的一种重要资源，校长要通过多种途径和策略为教师提供信息资源支持。

最后，时间资源是教师专业发展所需资源的重要组成部分。为了支持教师专业发展，校长除了要为教师提供正式的、有组织的、需要较长时间的培训机会，还需要在日常教学工作中运用常规的时间，寻找机会组织教师开展专业发展活动。校长要学会管理时间，采用不同的重新分配时间的策略，为教师专业发展提供必要的时间资源。

(三)校长是教学活动的领导者

学校上级主管部门可以鼓励校长上课，但不能要求校长上课。校长的主要职责是促进教师获得良好的专业发展，因此，无论校长上课与否，只要校长能实现引领教师专业发展这一管理目标，就尽到了其学校管理的主要职责，而不能以其是否上课为标准来衡量一个校长的管理职责。虽然校长不一定要进课堂上课，但是校长一定要管理好课堂教学，因为校长是教师教学活动的领导者。

1. 校长要管理好教学

如果校长具有优秀的教学水平，能上好课，固然令人钦佩。事实上，有些校长就是有着丰富教学经验的优秀教师，甚至是特级教师。然而，有些校长自从做了学校管理者以后，就忙于管理事务，离开了课堂，不再上课。有的校长虽然上课，但也往往不是自己专业领域的课程，而是诸如"思想品德"之类的课程，并没有发挥其原有的教学优势和特长。这些教学水平高超的校长如果能从事自己专业领域的教学活动，对学校教学工作和学生培养都是一件有益的事情。

但是，从事教学活动所反映出的是校长的教师角色，并不是其管理角色。上好课与管理好课有着本质不同，上好课是教师的教学职责，而不是校长的管理职责，校长的职责在于管理好教师上课。评价一位校长是否符合校长的专业标准，关键要考察其是否履行管理好教学的职责。因此，教学是学校管理的重点，校长要努力管理好教师的教学，引导教师不断改进课堂教学理念与方式，实现有效教学，让课堂教学成为培养学生发展的有效途径。

教师要抓好教学，要上好课，就需要具有良好的专业素质，获得良好的专业发展，因此，促进教师专业发展就成为校长管理教师及其教学活动的重要任务。

2. 通过听评课促进教师专业发展

所谓"听评课"，也称之为"课堂观察"。校长听课与评课是促进教师专业发展的直接而有效途径。作为学校管理者的校长，是否上课并不重要，校长是否是教学的专家或能手也不重要，重要的是校长一定要经常开展课堂观察活动，走进教师的课堂去听课与评课，积极地与上课教师就课堂教学问题进行交流与沟通，给予教师积极的教学反馈和指导。

校长走进课堂，强调的是听课与评课，而不是为学生上课。听评课与校长亲自从事教学工作并不是一回事儿。上课是教学行为，而听评课是管理行为。校长不一定是实施教学的专家，但一定是评价和指导教学的管理专家。因此，校长除了要懂学校日常事务管理之外，作为教师教学的管理者，校长更要懂教学管理。校长一定要懂教学、懂课程，懂每一门课，才能在听课后准确地给教师指出可能存在的教学问题，有效地提出教学改进建议，与教师就教学问题进行建设性的沟通与讨论。校长作为管理专业人士，其自身专业发展的一项重要任务就是要努力成为听课和评课的专家，通过有效的听课与评课，积极引领教师获得更好的专业发展。具体应做到以下几点。

(1)校长要懂先进的教育教学理念

校长要管理好教师的教学，就要对当前先进的教育教学理念有所理解，要对当前教育教学理论及其相关学科领域有较为全面的认识，比如，校长除了要掌握管理学的基本理论之外，还要广泛掌握教育学、心理学的基本理论和知识，要懂得课堂教学原理和学生的学习原理，要深刻理解教育教学的社会价值与使命，要深入思考学校的教育理想与追求等。

(2)校长要懂合理的教学模式与方法

基于对教育教学理念的理解，校长要对当前学校教育领域常用的教学模式与方法及其运用有所认识和理解，要充分认识到教学模式与方法服务于学校教育教学目的的价值和意义，教学模式与方法不能违背教育教学基本理念，不能凌驾于学校的教育教学目的之上，不能把教学模式与方法异化为形式主义的宣传工具。校长要认识到不同教学模式与方法的运用要充分尊重教师的教学个性和学生的学习差异性，允许教师采用适合自己教学风格的、行之有效的教学模式与方法。

(3)校长要懂教师的教学特点和学生的学习特点

校长除了要懂合理的教学模式与方法之外，还要懂教师的教学特点和学生的学习特点。校长要了解青少年心理发展的基本理论和知识，理解学生心理发展的基本规律和特点，比如，学生思维、社会性、道德心理等方面发展的特点。同时，校长也要对教师的心理特点及其专业发展规律有所认识和理解。校长还要充分认识学生的学与教师的教的个性差异特点。在此基础上，校长要根据所在学校的发展现状与特点，根据所在学校教师与学生的发展状况与具体特点，"因地制宜"和"因人制宜"地进行管理教学。

(4)校长要懂如何听课与评课

在管理教师教学的过程中，听课与评课是促进教师专业发展的有效途径。校长基于以上对教育教学理念、教学模式与方法、教师的教和学生的学的认识与理解，针对教师的课堂教学开展听课与评课，从而引导教师明确教学中存在的优势与不足，特别帮助教师发现自身难以发现的教学问题或缺点，就此积极与教师讨论与探究，引导教师发现有效解决这些教学问题或缺点的办法和策略。校长在听课与评课时要注重以下内容。

听课的关注点：

· 关注教师的身心状态。比如，观察教师身体健康状况、情绪状态等。

· 关注教师的教学态度。比如，观察教师对教学是否有兴趣，观察教师对学生是否友好等。

· 关注教师的备课工作。从教师的课堂教学可以看出备课的情况，比如，对教材的理解是否到位，对学生的了解是否充分，对教学环节设计是否合理等。因此，在管理教师教学时，不建议通过检查教师的教案来评价其备课情况，而建议通过听课来评价教师的备课情况。

　　·关注教师的教学表现。比如，观察教学过程中的师生互动表现、学生回答问题的表现、教师对特殊问题或突出事件的教育机智等。

　　评课的关注点：

　　·关注教师的教学现状和接受程度。评课要基于教师的教学现状，并考虑其接受程度。

　　·关注与教师的双向交流。注重与教师的沟通与讨论，就教学问题或不足积极地向教师反馈并加以指导。

　　·关注教师的教学优点和成果。校长要尊重教师的教学风格和特点，积极发现教师的教学优点。对有争议的问题，不必把自己的观点强加于教师，对不懂的问题，不必回避，可以坦诚地向教师请教。

　　·关注建立"对事不对人"的评课文化氛围。评是对"课"的评，不是对"人"的评。校长要用发展的眼光看待教师，对教师的教学提出质疑，并不是对教师本人提出质疑。

拓展资料：

检查教师教案的教学管理误区[①]

　　检查教师的教案是目前中小学校对教师教学评价常用的管理方式之一。许多学校管理者反映，检查教师的教案有助于考查教师是否认真备课，有助于督促和引导教师认真备好课和上好课。检查教案这一管理方式的初衷是好的，但是通过检查教师的教案就能判定教师是否

---

　　① 姚计海.教师教案检查的误区与学校管理对策分析[J].教育科学研究，2009（2）：40-42.

认真备课吗？简单地说，检查教案不能等同于检查备课。

教师在上课之前是否需要备课？回答当然是肯定的，教师需要认真备课。在备课过程中，教师通常会写一份教案以进行教学设计，然而学校管理者是否有必要检查教师的教案？回答是不一定的。教师是否写教案、如何写教案，往往与教师的教学能力及其对教材和学生的认识密不可分。

事实上，教师备课的形式多种多样，它是教师教学个性的体现，撰写教案只是备课的一种外在表现形式。然而，目前许多学校管理者把写教案与备课混为一谈，认为检查教师的教案就等于检查备课。甚至有些学校上级管理部门及学校管理者对教案的格式和内容做出详细规定，对教案的要求过于模式化。如果教师不按照规定写教案，其教案将被视为不合格。这种教案管理是对教师教学个性的忽视，束缚了教师的教学灵活性，抑制了教师的教学热情[1]。假设一位教学水平很高的教师在头脑中进行了认真备课，但并没有按规定格式撰写工整的书面教案，这恐怕不会影响他的教学效果。因为取得良好教学效果的关键不在于撰写工整的教案，而在于备好课和上好课。

教师的专业发展往往经历这样一个过程：从新入职的新手教师，到熟手教师，再到专家型教师[2]，成为专家型教师是教师发展的方向[3]。这个过程也是教师的教学水平从"形"到"神"的发展过程。新手教师大多处于"形"的阶段，这个阶段的教师关注教学的形式，撰写教

---

[1] 缪红梅. 教案编写应该灵活多样[J]. 中小学管理, 2006(5).

[2] 连榕. 新手—熟手—专家型教师心理特征的比较[J]. 心理学报, 2004(1).

[3] R.J. 斯腾伯格. 专家型教师教学的原型观[J]. 高民, 等译. 华东师范大学学报(教育科学版), 1997(1).

案往往是必要的教学环节，甚至有的教师在从事教学工作最初的几个月里要详细地写教案，即详案，在这一阶段检查教案作为一种管理措施有其存在的价值。而熟手教师更多地关注教学过程，关注教学的实质，他们在一定程度上仍然受备课和教学形式的制约，因此教案检查可以适当为之，过于频繁检查教案也会阻碍他们将教学提升到更高层次。专家型教师关注"神"的发展水平，往往可以抛开备课与教学的形式束缚，他们的教学技能和水平达到了炉火纯青的境界，教学行为表现流畅、灵活，不需要刻意加工，教学方法更加多种多样[1]。因此，对专家型教师而言，他们可以超越教案的外在形式，是否撰写工整的教案并不能成为其实施有效教学的判断依据，因为专家型教师的许多备课工作可以在头脑中完成，不一定非要写出来。如果学校管理者仍然通过检查教案的方式来评价其备课和教学，势必导致其只关注教案形式本身，从而将其教学引向低层次的、关注"形"的发展水平。打个通俗的比方，一位技艺高超的拳师，如果要求他回忆出一招一式，再打出这套拳，很难想象他会打好。高手的境界往往是忘记了最初所练的一招一式，而是把每一招式融会贯通，一气呵成。教师的教学水平不断提高的过程也是如此。

教学是需要教师用心去做的事情，备课和写教案也需要教师用心去做。学校管理者需要用心去做的是激发教师的内在动力，引导教师用心面对教学。如果学校管理者一味强调检查教师的教案，关注教案这一备课的表现形式，而对教师的备课和教学实效缺乏关注，很容易

---

[1] Berliner, D. C. *The development of expertise in pedagogy*[C]//Paper presented at the meeting of the American Association of College for Teacher Education, NewOrleans, La., February17-20, 1988.

误导教师，往往使得教师对待备课本身应付了事，反而削弱了教师备课和教学的内在动力。

而且，过分关注检查教师教案往往使得那些努力使自己的教学境界从"形"走向"神"的教师感到茫然不知所措，于是在实践中，许多教师不得不疲于应付学校教案检查这一管理措施，并为此花费大量时间。有些教师还不得不准备两套教案，一套教案书写或打印工整，格式规范，用来应付学校主管部门或学校管理者的检查，另一套教案按照自己的设想构思，书写灵活，格式不拘，用于自己上课使用①，而真正对教学起作用的是后者。甚至有的教师临时拼凑或抄袭他人的教案，以应付检查教案。撰写教案并不是课程实施的终点，教学作为一种创生与开发的过程，它不能受缚于教案②。如果强调教案检查，就难以使教师的备课和教学获得良好的效果。目前，很多一线教师反映检查教师的教案已经成为许多教师提高自身教学水平的束缚，尤其对于有一定教学水平的教师更是如此，它在一定程度上阻碍着教师走向专家型教师。

当然，教学水平再高的专家型教师上课之前也需要备课，但是备课不一定表现为一份规范的书面教案，或者说不仅仅表现为一份教案。教师是否需要撰写教案和如何写教案，既要视教师的教学水平和教学风格而定，也要视教案能否为教学目标服务而定，因此，检查教师教案也需要因人而异。例如，对新手教师可以多检查，熟手教师可以少检查，专家型教师可以不检查。即使经常检查新手教师的教案，也需要既关注教案形式，又关注教案内容。当新手教师的教学水平不

---

① 梁欧娃，刘顺航．用简案代替详案如何［J］．新课程研究，2006(11)．
② 黄小平．课堂重构：从"执行教案"走向"动态生成"［J］．新课程研究，2006(10)．

断提高，教学设计步入正轨，不需要他人"搀扶"时，就意味着教师的教学水平开始不断提升到熟手或专家型教师的水平，不必过于关注教案检查了。

事实上，一份书写精美、设计完善的教案并不等于一节好课，也不意味着一次优秀的、富有实效的课堂教学。优秀的课堂教学需要以教师的教学素养和教学准备作为支撑，而不是依靠书写精美的教案。因此，对于教师的教学评价，学校管理者不必过于关注教师的教案书写是否精美，更不必搞教案格式规范评比，而需要关注的是教师的备课质量，因为备好课是上好课的重要保障。而备课的形式千变万化，教师的教学创造力也正蕴藏于其中，这是难以仅仅通过教案检查发掘出来的。因此，学校管理者可以对教师应达到的教学结果做出规定，但不必过于约束教师的教学过程，更不必从形式上限定教师如何备课和如何写教案。

本章思考题

1. 校长管理学校的核心职责是什么？
2. 为什么说校长的主要职责是促进教师发展？
3. 校长如何为促进教师专业发展负责？
4. 校长如何提升教师的教育教学水平？

第三章　教学自主性是教师专业发展的内在动力

　　校长作为学校管理者要认识到，虽然教师是学校管理的对象，但他们是心智成熟的人，仅凭外界的强制力量很难真正使教师发生改变。如果校长希望改变教师的教育教学理念，那么最有效的途径就是引导教师自己改变自己。可以说，校长管理教师的本质在于引导教师自我管理。如果校长简单地通过自身所拥有的管理权力去"要求"教师，也许能够依靠这种外界的权力对教师的行为表现有所控制和调节，但是这种外界的权力很难真正控制和引导教师的心灵。如果校长希望通过管理真正让教师"口服心也服"，那么校长就需要以符合教师发展规律的理念和方式来引领教师获得发展。

　　我曾在某教育报刊上看到一篇报道，报道篇幅占用了整整一个版面。引起人们关注的是，这篇报道的标题用大号黑体字非常醒目地写着："某领导要求广大教师向某模范教师学习"。当我把这篇报道拿给一些中小学教师们看时，许多教师不约而同地指出"要求"两个字太刺眼，让人感到不舒服，甚至有些教师表现出逆反心理，表示"要求我学，我就不学"。

教师的学习与发展是一件需要发自内心而为之的事情，而不应该是外界简单强加的结果。如果内心不接受，仅凭外界强加，往往使人"口服心不服"，缺乏管理实效。

然而，当前中小学教师专业发展的内在动力并不令人乐观，许多教师表现出消极的、被动的工作心态，许多教师表示由于缺乏"职业幸福感""社会认可""学生理解"等而渐渐对教学工作失去内在动力。如果真的如此，那么从"教师为本"看"百年大计"，真是令人忧虑。

因此，从激发教师内在动力来看，我想这篇报道的题目如果能改为"某领导建议（或倡导）广大教师向某模范教师学习"，那么对广大教师所起到的引导效果也许会更积极一些。

一、案例及问题：教师的心态有问题吗？

（一）教师"无欲无求"怎么办？

我在一所中学调研时，校长在谈到教师管理时，苦笑着对我说："我们学校的老师们已经进入一种'无欲无求'的境界。"我想"无欲无求"似乎是许多人追求的理想状态，而校长的语气多少有些无奈，校长的苦笑更是耐人寻味，于是我继续追问其中的原因。

校长告诉我，他所说的"无欲无求"就是教师们缺乏工作积极性，不愿多付出一点儿努力，似乎什么都不追求。比如，前几天，教育局进行全区教师教学设计方案评比，学校就发动教师们积极报名参赛，结果没有一个教师响应。校长表示这是意料之中的事情，对此已经习惯了，因为这几年来教师们对教育局的各种活动都是避而远之，每次诸如此类的活动，校长都是只能靠点名，"强制"几位教师去参加。

不仅如此，学校及上级主管部门的各种评优评奖活动，学校教师们似乎也没有兴趣，没有人主动报名参加。其实，有些情况下，即使对于只要教师报名就肯定能获奖的评比活动，学校也没有教师报名。甚至连评职称也没有老师报名，老师们对职称能评上或评不上似乎也无所谓，明明有资格而且肯定能晋升职称的教师也不报名。学校管理无论用什么方法激励教师，教师似乎都没有反应。许多活动最终还是在校长的"强制"安排之下完成的。

校长表示，虽然教师的这种发展现状并没有影响学校正常的教育教学秩序，基本的教育教学活动都能开展，教师们也能基本完成自己分内的教学与学生管理工作，但教师们就是不愿意多出一份力，也不愿意主动出一份力，好像教师们不期望把自己的教育教学工作做得更好。校长说，教师们现在的状况就是"当一天和尚，撞一天钟"，就像是一池死水，投进去一粒石子，激不起任何涟漪。

校长该如何面对教师这种"无欲无求"的职业心态呢？

(二) 一堂精彩的公开课之后

有一次，在一所小学听公开课。讲课教师的教学功底非常好，教学准备非常充分，教学方法也非常得当，课堂教学非常生动精彩。

但是，下课之后，听课的人们陆续离开了教室。在我整理听课记录，也正准备离开教室时，我看见有个小学生兴致勃勃地跑到讲台前面，声音有些急切对教师说："老师，老师，我想问您一个问题。"这时，我惊讶地看到这位讲课的教师只是不耐烦地看了一眼学生，没有回答学生的提问，就在学生脑袋上推了一把，对学生说："一边儿去，别来烦我。"这与公开课上师生之间积极的互动形成了鲜明的对比，就在刚才的公开课上，教师与学生之间有问有答，教师很耐心地解答学生提出的每一个问题。

就在教师不耐烦地把学生推向一边的时候，这位教师突然抬头看见了教室后面正准备离开的我，他可能以为听课的人们都离开了教室。这位教师的表情有些不好意思，似乎意识到刚才对待的学生方式有些不妥。于是，我主动上前打招呼，与这位教师聊起来。

这位教师告诉我，自己刚开始当老师的时候，对工作充满了热情。每当看见身边的小学生，心底里总是充满喜爱之情。但是，几年教育教学生涯过去了，不知不觉就开始厌倦教学，厌烦学生，不想与学生多说一句话，多待一分钟。上公开课只是为了完成学校的任务。

那么，教师这种消极被动的心态是怎么形成的呢？

二、分析与讨论：教师消极被动的心态怎么办？

(一)教师内在动力的缺失

当前教师发展表现出的被动性和教师发展动力上的迷失往往会导致教师发展出现各种各样的问题，这给学校管理敲响了警钟。事实上，目前中小学教师整体发展的心理状态并不令人乐观，许多教师表现出消极被动的职业心理特征与行为。在学校教育不断革新的社会大背景下，一些中小学教师在较大程度上仍然存在着教育教学观念陈旧、教学方式单一僵化等问题，这使得一些教师面对新的教育理念和方法时常常感到无所适从，进而对教育教学工作产生疲惫感，缺乏积极主动精神。

一些研究也证实，在中小学教师群体中，教师工作动力缺乏、职业倦怠较重、工作压力过大等问题较为突出，许多教师的教育教学情绪低落，专业发展表现出被动性，逐渐失去了自主发展的需要和动力（王晓戎，2006）。[1] 甚至，有些教师仅仅把自身职业作为一种谋生的手段，而不是为之努力奋斗的事业。有部分教师表现出较为严重的职业心理问题，以非常冷漠、消极的教育教学心态面对学生。教师的倦怠感和情绪枯竭已经成为备受关注的职业心理问题（Chang，2009）。[2] 在这种情况下，教师如何获得良好的专业发展呢？

(二)教学自主：教师专业发展的动力

事物发展有一定规律，外因是发展的条件，内因是发展的关键，外因通过内因起作用。也有观点强调，内因与外因的相互作用是事物发展的关键。教师专业发展也必然遵循事物发展的规律，因此，发挥内外因素的作用是实现教师专业发展的依据。

从教师发展现状来看，当前，教师发展的现状与其面临的挑战之间存在诸多矛盾。教师如何发展，已成为学校管理者不可回避的问题。结合发展的内外因素观点，我们认为，实现教师自主发展是解决这一矛盾的关键。教师的自主作为内在动力与外在动力的结合，对教师专业发展有着重要推动作用。

那么，什么是教师的自主？

从哲学意义上讲，自主是人作为主体对客体和主体自身的支配。[3]

---

[1] 王晓戎．中小学教师专业发展自主意识的应然选择与实然分析[J]．陕西师范大学学报(哲社版)，2006，35(7)：316-317．

[2] Chang, M. L. An Appraisal Perspective of Teacher Burnout: Examining the Emotional Work of Teachers[J]. Educational Psychology Review, 2009(21), pp. 193-218.

[3] 罗苹．呼唤与契机：个体自主性的形成与发展[J]．现代哲学，1998(2)：62-67．

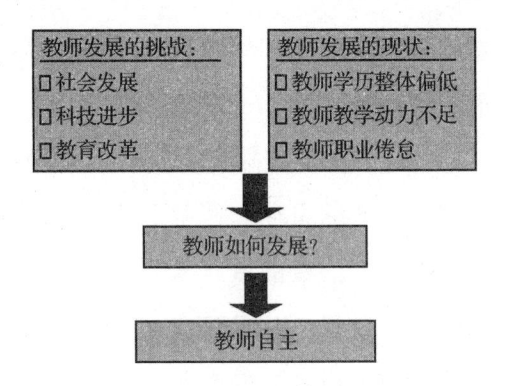

```
┌─────────────────┐  ┌─────────────────┐
│ 教师发展的挑战：  │  │ 教师发展的现状：  │
│ □社会发展        │  │ □教师学历整体偏低 │
│ □科技进步        │  │ □教师教学动力不足 │
│ □教育改革        │  │ □教师职业倦怠    │
└─────────────────┘  └─────────────────┘
                ↓
         ┌──────────────┐
         │ 教师如何发展？│
         └──────────────┘
                ↓
         ┌──────────────┐
         │  教师自主    │
         └──────────────┘
```

一方面表现为人对客体的支配，即不因外界压力使自身思维和行动受到干扰，从而改造或控制客体；另一方面表现为个体对主体自身的支配，即以自己的思想支配自己的行动，并通过自我调节和自我控制，积极促进自我发展。从自主的基本含义来看，自主是指自己指导自己，不受他人约束或支配。可见，"自主"既包含内在心理特征（如自发性、自控性），也包含外在权利特征（如参与学校管理的权利、控制课堂教学的权利）。自主是个体基于充分认识自己的信念和价值，并表现出适当行为的过程，自主的行为是一种自愿自发的、自我选择的、自我控制的、并为之负责任的行为(Rodgers，2002)。[1]

教师的核心工作是教学，教师自主主要针对其教学活动而言，因此，教师自主具有两方面含义：

一是教学自主性。它是教师指向内在的自主，即教师作为主体对自身的指导和支配，表现为教师以积极的态度对待工作，具有教学主动性和进取心，良好地控制自己的教学情绪和行为方式等。教学自主性是实现教师专业发展的内在依据。个体的行为越倾向于由内在动机

---

[1] Rodgers, D. B., Leslie, A L. Tension, struggle, growth, change: Autonomy in education[J]. Childhood Education, 2002, 78(5), pp. 301-302.

的推动,意味着越具有自主性(Deci & Ryan,2000)。①

二是教学自主权。它是教师指向外在的自主,即教师作为主体对客体的支配,表现为外界管理赋予教师权利,教师能够在外部压力和控制中获得独立和自由的教学空间,自己有权决定和支配自己的教育教学方法、情境和过程等。

图 3-1 教学自主的结构

校长要促进教师专业发展,必然要遵循发展的规律,就要发挥内外动力的作用,充分激发教师的教学自主性,同时充分赋予教师的教学自主权(本章主要讨论教师的"教学自主性",关于教师的"教学自主权"这一话题,将在第四章进行深入论述)。

教师缺乏自主是制约教师专业发展的重要因素,解决问题的关键在于激发教师的教学自主性,提升教师发展的内在动力。教师工作是一种复杂又富于创新的活动,它需要教师拥有充分的内在动力。只有教师的教育教学工作具有良好的内在动力,教师才可能积极主动地实施教育教学活动。如果教师缺乏从事教学工作的内在动力,不仅不利于学校管理取得实效,也不利于提高教育教学效率。

(三)什么是教师的教学自主性?

教学自主性指的是教师在一定社会规范和教育目的指导下,受内在动力的推动,积极调节和控制自己的教学活动的个性特征。它体现

---

① Deci, E. L., Ryan, R. M. The "What" and "why" of goal pursuits: Human needs and the self-determination of behavior[J]. Psychological Inquiry, 2000, 11(4), pp. 227-268.

在教学全过程之中。

在教学活动之前，教师积极确定教学目标、制订教学计划、设计教学方法，充分了解学生的学习特点，做好教学准备工作。

在教学活动之中，教师对教学方法与过程积极地做出判断和调控，课堂上与学生进行充分的讨论，以积极的心态面对学生出现的学习问题，并认真解决课堂中的各种问题。

在教学活动之后，教师对教学结果进行自我评价和反思，主动对存在的不足进行自我改进和完善。①

教学自主性具有一定结构特征，我们在以往研究中编制并修订了教学自主性问卷，通过因素分析发现教学自主性包含七个维度。②

(1)自发性：指教师的教学行为不是出于外界强制，而是来自兴趣或信念等内在动机的推动。

(2)目的性：指教师具有明确的教学目标，并积极采取措施使教学行为指向目标。

(3)责任性：指教师把教学工作视为自己的责任或分内事务。

(4)独立性：指教师不依赖外界帮助，独立思考和解决教学问题。

(5)胜任性：指教师能对自己的教学能力持积极肯定态度，相信自己能够做好教学工作。

(6)自省性：指教师能对自己的教学以及困难和不足进行自我分析、评价和反思。

(7)自控性：指教师能对自己的教学情绪和教学行为等进行自我

---

① 姚计海. 教学自主：教师专业发展的动力[J]. 中国教育学刊，2009(06)：83-86.
② 姚计海，申继亮. 教师教学自主性问卷的编制与修订[J]. 心理发展与教育，2010(3)：302-307.

调节与控制。

教学自主性是教师有效实施教学的内在条件，也是教师促进自身发展的心理基础，它对教师取得良好的教学效果及获得良好的专业发展有着至关重要的作用。拥有教学自主性的教师把教学工作视为分内的事情，积极主动地开展教育教学活动，有意识地调控教学方法与行为，以内在动力促进自身发展，进而获得有效而创新的教学成果。

当前人的内在价值和动力越发受到重视，教学自主性作为教师工作的内在动力越发受到关注。然而，中小学教师的教学自主性现状并不令人乐观，许多教师习惯于消极地接受"他主"。教师如果缺乏教学自主性，那么教学工作就可能成为教师的负担，教学活动就可能变得被动而低效，更难有教学创新可言(王振宏等，2010)。[①]

教学自主性作为教师工作的内在动力，当其有所提高时，教师获得的授权及其专业地位也会有所提高，而且教师必须有充分的自主性，这样才能为学生发展开出最好的"药方"(Pearson & Moomaw，2005)。[②] 事实上，教学自主性在很大程度上也受教师拥有教学自主权的制约，同时也影响着教师获得多大程度的教学自主权。

(四)教师的教学自主性现状

我们针对从北京、河北、宁夏、广东等地选取的 24 所中小学校从事教学工作的教师进行研究。结果表明，相对于中学教师而言，小

[①] 王振宏等．教师效能、工作动机与心境对教学创新的影响[J]．心理科学，2010，33(5)：1254-1257．

[②] Pearson L C, Moomaw W. The relationship between teacher autonomy and stress, work satisfaction, empowerment, and professionlism[J]. Educational Research Quarterly, 2005, 29(1), pp. 37-53.

学教师从事教学活动的内在动力更强，更注重设立明确的教学目标，更倾向于把教学视为分内事务，对教学更具有责任感。相对于小学教师而言，中学教师在教学自主性的"目的性""自发性""责任性""自省性"和"自控性"等多数维度上相对较低，特别是在"自发性"维度上，中学教师的自主性显著低于小学教师。但是，在"胜任性"和"独立性"维度上，中学教师的自主性高于小学教师。详见图 3-2。

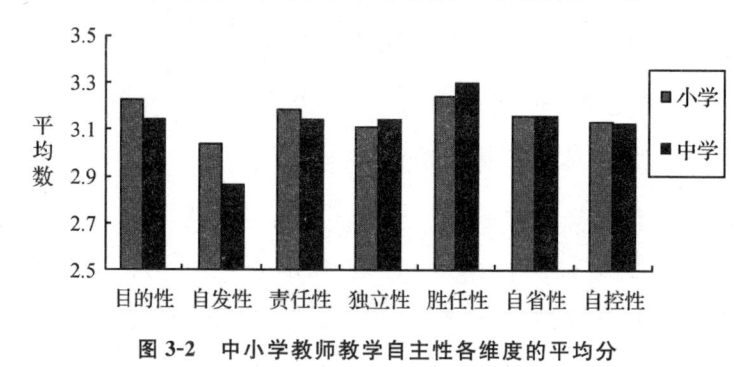

图 3-2 中小学教师教学自主性各维度的平均分

从教龄来看，教龄为 6～10 年教师（主要是小学教师）的教学自主性相对偏低，表现为一个低谷阶段。这个时期教师的消极心态可能源于工作中遇到的问题与挫折的积累，这应引起学校管理者的重视。

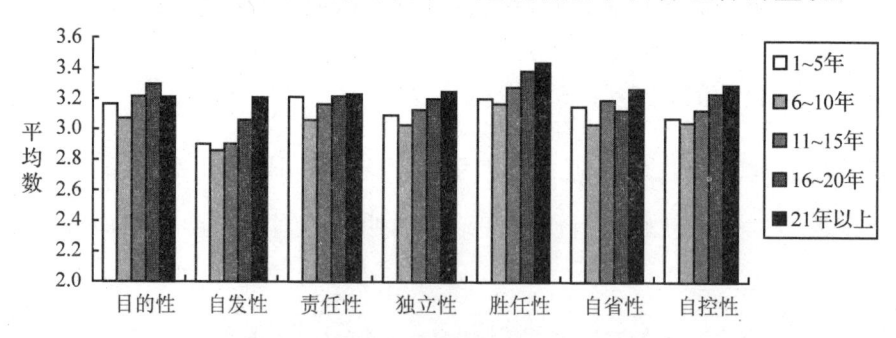

图 3-3 教学自主性各维度上教龄差异

Conway 和 Clark(2003)关于教师发展的研究支持了此结果，他们认为新教师不仅关注外在自我，也非常关注内在自我，比如，关注自我反思、自我调控、教学胜任能力，新教师关注自我具有积极意义，其专业自我通过对自我的关注与反思建构起来。[①] 吴安春，曹树（1998）也指出，虽然教龄1～5年新教师的教学经验相对较少，但是新教师的教学往往表现得很主动、自信和胜任等。[②]

我们研究发现，教龄1～5年小学教师的教学自主性各维度都高于教龄6～10年教师，可见，新教师对教学自我表现出较强的关注，而教龄6～10年的教师更多关注教学本身（比如，如何提高教学效率），这使得他们更多体验到教学的复杂性和深刻性，而更容易感受到教学的困惑与挫折，反而降低其教学自主性。此外，我们研究发现，小学教师的教学自省性与自控性从教龄1～5年到6～10年有所降低，而中学教师没有显著变化。这一结果与俞国良等人（1998）[③]和辛涛等人（1999）[④]关于中小学教师教学监控能力的研究结果并不完全一致，这些研究认为，教学的反省性和调控性随着教龄增长（从1～5年到6～15年）而不断提高。但是，教龄6～15年划分为一个阶段可能并不恰当，容易掩盖教师心理发展的质的变化，而且中学与小学教师的发展特点有所不同，应区别看待。

从性别来看，女教师的教学自主性显著高于男教师，这可能与教

[①] Conway, P. F., Clark, C. M. The journey inward and outward: a re-examination of Fuller's concerns-based model of teacher development[J]. Teaching and Teacher Education, 2003(19), pp. 465-482.

[②] 吴安春，曹树. 中学教师的人格发展特点及影响因素的研究[J]. 南京师大学报（社会科学版），1998(2)：77-85.

[③] 俞国良等. 中小学教师教学监控能力：发展特点与相关因素[J]. 心理发展与教育，1998(2)：31-35.

[④] 辛涛，林崇德. 教师教学监控能力发展：质与量的分析[J]. 中国教育学刊，1999(3)：50-54.

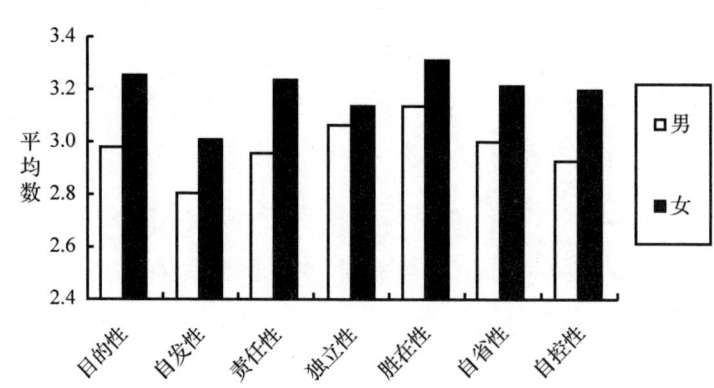

师职业的性别倾向有关,女性更倾向于选择教师职业。

图 3-4 教学自主性各维度的性别差异

此外,从职称来看,小学教师职称越高,教学自主性越强,这表明职称对小学教师的教学具有一定激励作用,而不同职称的中学教师并不存在教学自主性的差异,职称对中学教师的教学缺乏激励作用。比如,一位刚刚评上中级职称的中学教师说:"初级与中级职称没有什么不同。本来我去年就应该评,但是名额太少,只能今年再评,今年名额就肯定是我的。至于高级职称就不想了,不熬到一定年头,考虑这个也没有用。"

可见,教师的教学自主性仍然存在着一些亟待改善的问题,许多教师在教学过程中缺乏教学内在动力,这可能成为影响教师发展的重要心理因素。

(五)教师的教学自主性亟待提升

在学校实践中可以发现,目前相当一部分中小学教师的教学自主性不高。在学校访谈过程中,可以明显感受到一些中小学教师消极被动的心态,有些教师的教学表现缺乏目标意识,教学内在动力不足,不愿意为教学投入必要的时间，在教学过程中回避与学生交流，等等。

在教师访谈调研中，我们发现许多教师在工作之初往往对教育教学充满热情和动力，但是过了几年之后就开始变得麻木了。因此，教师工作的动力缺失，既有教师自身的原因，也与学校管理密切相关，尤其一些学校过于形式化和简单化的教师管理方式，严重制约着教师的工作动力。

比如，有一位小学教师感叹："有一次教委让全校老师通过电脑回答一个教委对学校管理情况的调查问卷，而学校领导事先开会对全校教师们提出要求，必须回答最好的答案。老师根本没有权利选择如何回答，被人呼来唤去，能不影响教育教学工作吗？"

有一位中学教师这样说："我刚当教师时，教学非常努力，但是我只教了一个学期，学校领导就让我停课反省，因为我教的学生考试成绩不理想。评价教师怎么能只有分数呢？从那以后我对教学就不感兴趣了。"

还有一位中学教师这样解释："关键在于工作得不快乐，上课就没有动力。现在虽说搞素质教育，但实际上还是'应试教育'。每天教学围绕的就是考试，搞得教师非常被动，压力太大，许多老师都有心理问题。"

已有研究表明，相比小学教师，中学教师的压力更多来源于学生的学业，特别是考试压力，这也与中学教师教学负荷和难度较大、学生学习问题较多有关(李琼，张国礼，周钧，2011)。[1]可以推测中学教

---

[1] 李琼，张国礼，周钧. 中小学教师职业压力源研究[J]. 心理发展与教育，2011(1)：97-104.

图 3-5 "变调"

师的教学自主性较低与其更接近"高考指挥棒",更多体验到升学和"应试"的教学压力有关。

可见,教师的教学自主性亟待提升,教师工作的内在动力亟须激发。从学校管理来看,校长需要关注提升教师从事教育教学工作的内在动力,鼓励教师积极开展教学活动,用心培养学生,以取得良好的教育教学效果。

三、管理与对策:提升教师教学自主性

(一)提升自主性,符合教师专业发展的需要

当前社会发展和基础教育改革对教师专业发展提出了新的要求,为了促进学生更好发展,教师要成为学生学习的辅助者、支持者和沟通者,教师的职责不仅是向学生传递知识,更重要的是帮助学生学会学习,学会批判地思考和解决问题,因此,教师要不断提高自身素质以适应学校教育改革与发展的需求,尤其在学生发展越来越趋于多样化和个性化的背景下,教师更要激发和运用自己的潜能和智慧,与学

生进行充分沟通，准确分析、判断和把握学生的认知、情感、道德及个性特点，以发展的、个性的、系统的眼光看待学生及其成长中的各种问题，与学生建立有助于学生发展、符合教育和社会发展要求的、平等民主和谐的师生关系。这些都对教师的教育教学素养提出了更高的要求，教师只有提升其自主性，以积极开放的心态努力学习新的教学理念，才能实现自身专业发展，才能适应教育的变革。

当前学校教育呼唤教师的创新，教师对学生的认识与态度需要创新，引导学生学会解决问题的教学技能需要创新，教师与学生的师生关系也需要创新。随着学生的不断发展，教师曾经使用过的有效教育教学理念与方式，可能并不适用于现在的问题情境，并且，对有些学生适用的教育教学方式，也可能并不适合于另一些学生。这就需要教师根据学生的特点及时做出调整，积极认识和采纳不断更新的教育教学理念和观点，充分尊重和理解学生的个性差异，运用适合的教育教学方式，因材施教地对待学生。这同时也为教师专业的发展提出了新的挑战，面对这些挑战，只有教师自主地去提升自己，才能得到发展，否则将会被时代所淘汰。

学校教育的目的在于培养有良好素质、符合社会发展需要的人才。教师作为学校教育的实施者，其教育目标需要通过学生的良好发展来实现，因此，教师要具有教学自主性，积极主动地面对教学工作。教师要关注学生发展，要为学生发展着想，以学生发展来实现学校教育发展目标，这些都要求教师提升教学自主性，积极主动地获得良好的专业发展，培养良好的专业素质。

(二)提升教学自主性，为教师教育开辟新思路

随着我国学校教育事业不断进步，教师素质在整体上得到极大的

提高，但是，与美国等发达国家的教师队伍相比较，我国教师整体素质仍不容乐观，比如，教师学历起点偏低，学历达标比例偏低等。

制约教师专业发展的一个重要原因就是教师的内在动力不足。教师发展表现出被动性和教师发展动力上的迷失是教师专业发展的主要问题，解决之道在于增强教师专业发展的内在动力（黄耀红，周庆元，2007）。① 因此，如何提升教师的教学自主性，如何不断提高教师素质，使教师不断获得专业发展，以适应教育改革与社会发展的要求，就成为一项紧迫而重要的任务。

然而，当前我国一些地方的教师教育存在培训模式单一化、培训方法简单化、培训操作形式化等问题，就目前教师教育与管理的现状而言，在相当长的时期内，很难自上而下地确保广大教师有充分的机会获得有效的教育和培训。而且繁杂的教学任务和过多的管理控制也往往限制教师自身发展（Scribner，1999）。② 在这种情况下，激发教师的教学自主性显得尤为重要，它有助于教师从"要我发展"转变为"我要发展"和"我能发展"的状态，从而主动提升自身专业素养。在教师教育培训缺乏的情况下，一些教师充分发挥其自主性，开发出了一种新的基于教学自主性的教师教育模式。基于教学自主性的教师教育模式是一种有利于教师整体素质提高、有利于教师资源开发和持续发展、有利于提高教师培训效益的教师发展模式，这也是符合我国国情和基础教育发展的教师教育模式。可见，提升教师教学的自主性，不仅可以

---

① 黄耀红，周庆元．教师专业发展的问题反思与理念重构[J]．中国教育学刊，2007(7)：69-72，78．

② Scribner, J. P. Professional development: untangling the influence of work context on teacher learning[J]. Educational Administration Quarterly, 1999, 35(2), pp. 238-266.

很好地解决教师在教学中遇到的新问题，也可以为教师教育开辟新的思路。

(三)提升教学自主性，有助于教师适应教育改革

当前，丰富的教育教学改革使教师经常面对各种新的教育思想、教育理念、教学手段与方法，这既要求教师不断更新知识结构和观念体系，不断调适自身的教学情感和行为，也要求教师参与到改革中，成为教育教学理论研究的协助者和使用者，而不是被动实施者。目前，我国为了更好地实施科教兴国战略和推进素质教育，全面展开了教育与课程改革，教师不仅仅是"课程实施者"，也是"课程开发的参与者和研究者"。

因此，只有教师具有良好的教学自主性，积极主动地实施教学活动，教师专业发展才能具有内在动力。教师教学的自主性是教师专业发展的心理基础，当教师自己愿意发展并有能力发展时，教师才可能获得发展。

如果教师缺乏教学自主性，就难以适应教育与课程改革的要求，改革就难以真正获得实效。目前，不断实施的教育改革已经使越来越多的教师意识到提高自身素质的紧迫性和重要性，从而不断激发教师工作的内在动力。

(四)提升教学自主性，有助于培养反思型教师

学校管理应关注自主反思型教师的培养，基于教学自主反思，促进教师专业发展。自主反思型教师的发展除了需要具备教与学所必需的知识与技能外，还必须具备对教育相关问题进行探究和处理的能

力，具备能够提出问题、评价自身教育教学行为和效果，并做出决策的能力。说到底，就是教师必须具备自主反思的能力，努力成长为具有自主发展意识、能够承担起自主发展责任和义务的反思型教师。[①]教师只有积极主动地进行教学反思，才能不断获得自身反思能力及教学水平的提高，从而加快实现自身的自主发展和专业成长。

自主反思型教师指的是在学习教育理论、借鉴他人和拥有自己的教育教学经验的基础上，教师为了保证教育教学的成功、达到预期的教育教学目标，而能够积极主动地以自身的观念与教育教学实践活动中出现的疑惑和困境为意识对象进行理性的审视、分析、判断和选择，积极、主动地计划、检查、评价、反馈、控制和调节教育教学的全过程，积极改进自己的教育教学行为，主动承担起专业化发展的责任和义务，进而促进自我自主发展的教师。[②]

自主反思型教师的成长能使学校获得一种长期发展的优势，校长应该增强提升教师教学自主性和培养反思型教师的观念和意识，以反思型教师的培养推动教师的自主发展。而反思型教师的自主发展不仅需要其成长过程中的主观条件，还依赖于外在的发展环境、机会及支持。为此，校长要引导教师学会教学反思，为教师营造在教学反思中自主发展的学校管理氛围。

(五)校长要注重激发教师的教学自主性

教师专业发展的实质是自主发展，教师发展应以自主发展为根本

[①] 鱼霞.反思型教师的成长机制探新[M].北京：教育科学出版社，2007：13-14.
[②] 鱼霞.反思型教师的成长机制探新[M].北京：教育科学出版社，2007：123-124.

取向，学校管理的价值在于对教师内在动力的激发。因此，在促进学校教师专业发展方面，校长在积极创设外部激励环境的同时，更需要关注教师内部动机的激励，通过促进教师的自主发展，解决当前部分教师缺乏自主发展意识、动机和能力的问题，从而最大限度地发掘教师的内在潜力，促进教师的专业成长。

因此，校长要注重激发教师的教学自主性，为教师教育开辟新思路，帮助教师适应教育改革，最终实现学校的改革发展和教育质量的提高。提升教师的教学自主是对教师的教学价值、尊严和内在潜能的充分重视，校长只有激发教师的教学自主性，使教师愿意教学、乐于教学，教师才可能不断更新教育教学观念与方法，获得教育教学实效。这符合教师专业发展的规律，是对教师内在动力的激发，是学校"以人为本"管理理念的体现。

如何激发教师的教学自主性，这对科学有效的教师管理提出挑战。科学地管理教师将有助于提高教师的教学自主性，并促进他们自主地进行教学创新，以适应学生发展的需求（Hausman & Goldring, 2001），[1] 而教师的教学创新也有助于提升学生的学习动力和创新（Lev-Zamir & Leikin, 2011）。[2] 如果学校管理过于控制教师的教学，那么教师势必失去教学自主性，这也会导致教师的教学观念变得更守旧。正如 Anderson(2002)指出，在中小学校，教师的教学自主并不

---

[1] Hausman, C. S., Goldring, E. B. Sustaining teacher commitment: The role of professional communities[M]. Peabody Journal of Education, 2001, 76(2), pp. 30-51.

[2] Lev-Zamir, L., Leikin, R. Creative mathematics teaching in the eye of the beholder: focusing on teachers' conceptions[M]. Research in Mathematics Education, 2011, 13(1), pp. 17-32.

受管理者的重视，教师往往表现得缺乏主人翁精神和教学权威地位。[1]

提高和培养教师的教学自主性，有必要关注其相关影响因素。一方面，要关注哪些因素影响着教学自主性的提升。我们在教师访谈中发现，教师的工作压力大、教学任务繁重、缺乏心理授权、缺乏培训进修机会等因素与教学自主性有着紧密联系，尤其形式化、简单化的教师管理方式忽视了教师的个性差异和发展需求，严重制约着教师的教学自主性；另一方面，要关注教学自主性具有哪些积极作用。比如，有研究指出，教师拥有教学自主性对学生的学业发展具有正向预测作用（Assor，Kaplan & Roth，2002）。[2]

为此，校长应充分重视教师教学自主性的作用，以提升教师教学自主性为着手点，促进教师实现自主的专业发展。

本章思考题

1. 如何理解教学自主是教师专业发展的动力？
2. 什么是教学自主性？提升教学自主性的管理意义是什么？
3. 校长如何激发教师工作的内在动力？

---

[1] Anderson, D. R. Creative teachers: Risk, responsibility, and love[J]. Journal of Education, 2002, 183(1), pp. 33-48.

[2] Assor A., Kaplan H., Roth G. Choice is good, but relevance is excellent: Autonomy-enhancing and suppressing teacher behaviors predicting students' engagement in schoolwork[J]. British Journal of Educational Psychology, 2002(72), pp. 261-278.

第四章 教学自主权是教师专业发展的外在动力

事实上,有些教师发展动力的缺失,不仅与教师的教学自主性有关,也与教师的教学自主权密切相关。第三章提到:"在教师访谈调研中,我们发现许多教师在工作之初往往对教育教学充满热情和动力,但是过了几年之后就开始变得麻木了。因此,教师工作的动力缺失,既有教师自身的原因,也与学校管理密切相关,尤其一些学校过于形式化和简单化的教师管理方式,严重制约着教师的工作动力。"

教学自主权是教师专业发展的外在动力,它对教师专业发展有着重要的管理保障作用,校长作为促进教师发展的第一责任人,在教师管理过程中,要充分关注并赋予教师应有的教学自主权。

一、案例及问题:教室里的桌椅摆放谁说了算?

在一所学校,所有班级教室的桌椅都从以往传统秧田式摆放变换为以小组形式摆放,这是这所学校的校长去一所全国闻名的学校参观考察之后，在自己学校采取的一项教学改革措施。校长希望在自己的学校推广实施小组式教学。

然而，对于这个小小的学校管理改革举措，教师似乎并不"买账"。在学校的教师会议上，有的教师就提出反对意见，不希望在自己的课上把桌椅如此摆放。有的教师表示并不反对小组式教学，但是认为小组式教学是否有效实施与教室里的桌椅是否摆放成一个个小组的形式并没有必然联系，而关键在于教师在课堂上对学生小组活动的有效调控。

对于部分教师反对的声音，校长并不为之所动。校长没有正面回应教师的呼声，而是在教师会议上坚定地表示："你们没有把桌椅按小组摆放，怎么知道这样摆放一定没有好的教学效果呢？因此，教室桌椅一定要这样摆放，不再讨论了。"

在另一所学校，有类似的情况发生，所有教室的桌椅摆放也在"一夜之间"发生类似的变换。不过，这不是校长的主意，而是学校上级领导的决定。

这所学校的校长告诉我，这是当地教育主管部门领导去外地学校考察之后做出的管理决策。教育局主管领导要求本地所有中小学校都把教室里的桌椅摆成小组形式，并要求开展小组式教学，并且要定期检查。

在这所学校，虽然一些教师（包括校长本人）并不愿意这样做，但这是教育局主管领导的决定，也只好无奈地执行了。校长曾多次向教师们解释说明，以使这一管理举措得以落实，或者说可以顺利通过上级检查。

然而，一年以后，当我再次来到这所中学时，发现所有教室的桌椅都摆回原来的秧田形式了。我问校长这是不是上级领导的决定？校长告诉我，这不是上级领导的决定，而是教师自发的行为。校长也是有一天突然发现，教室里的桌椅在不知不觉中都摆了回去，校长自己本来也不太赞同小组式摆放，也就默认了教师们的做法。

我问校长，学校上级主管部门领导的态度是否有所改变？校长表示，上级领导仍然坚定地要求各学校以小组形式摆放，仍然定期下校检查。那么，学校如此不执行上级领导的决定，如何应对上级领导的检查呢？校长告诉我，每次上级领导来学校检查时，就会组织全体教师和学生把桌椅摆成小组形式，领导检查过后，再摆回去。我开玩笑地对校长说："这不是折腾吗！"校长说："没错，这就是折腾！"

二、分析与讨论：从教学模式看教师的教学自主权

（一）学校可以规定统一的教学模式吗？

教学模式是从教育教学目标出发，根据教学的规律原则而归纳提炼出来的，具体表现为具有规范性、典型性、稳定性的教学形式和方法。有观点强调，教学模式是规范性教育理论和情境性教育实践之间的中介与桥梁，它主要包括作为内在基础的教育理念和作为直接结构的教学环节和运行程序。[1]

简单地说，教学模式就是在一定教育教学理论指导和规范下形成的关于教学活动的基本程序或框架。不同的教学模式包含着特定的教学思想以及在此教学思想指导下的课程设计、教学原则、师生课堂活

---

[1] 余清臣，徐苹. 当代课堂教学模式改革的实践内涵：一种反思的视角[J]. 教育科学研究，2014(1)：15-17.

动结构、方式、手段等。教学模式不是僵死的教条，而是具有稳定性又有发展变化的程序框架。一种教学模式中往往可以包含着多种教学方法，体现着多样的教学理念。

对于教师个体而言，形成符合其教学风格的教学模式对教师节省备课时间和精力，优化课堂教学过程，提高教学效率具有积极意义。然而，对于学校教师群体而言，所有教师形成某种统一的教学模式，这未必是好事情，相反可能会降低教学实效。

学校管理要求全体教师采用统一的教学模式，可能会抑制教师的教学个性，忽视学生的学习差异性，进而干扰教师的教学情绪，降低教师的教学动力。这种要求全体教师采用统一化的教学模式的管理方式是学校教学管理过于简单化的体现。

对学校管理而言，教学管理应该强调对全体教师教育教学理念的宏观指导，而不是对全体教师教学模式的统一要求。各个学校的社会文化情境不同，学校发展状况不同，教师的教学水平与特点不同，学生的个性特点和学业水平也不同，应该说，每一所学校的教学模式都有各自的特点和风格。因此，一所学校很难给全体教师提出某种统一的教学模式要求，全体教师也很难使用统一的教学模式来引导所有学生，学校上级主管部门更难给各个学校提出统一的教学模式要求。如果学校及上级主管部门规定全体教师使用统一的教学模式，那一定是对学生和教师的教与学的差异性或个性的无视，也是对学校发展差异的无视。

每所学校在其倡导的宏观教育教学理念的基础上，可以衍生出若干种教学模式，每种教学模式也可以衍生出一些"亚"教学模式。从管理视角来看，学校不必对全体教师的教学模式加以统一规定或约束，比如，以上案例中的教育局就不必要求所有学校都实施所谓"小组式教学"，学校也不必要求每位教师都使用"小组式教学"，更不必要求所有教师的课堂教学都必须把桌椅摆放成"小组式"，因为这种桌椅摆放一定难以适用于每一位教师和每一个班级的学生。

教学本身是一项非常系统化的工作，教师教学工作的最大特点在于教学情境的不确定性，教学对象的复杂性和差异性，教学决策的难以预见性和不可重复性。[①] 因此，学校制订某种统一的教学模式，并要求全体教师都使用，这是简单化地管理教师教学的表现。学校规定统一的教学模式，这种管理方式表面看起来使教学情境变得简单了，但由于忽视教师和学生的个性差异，违背以人为本的精神，势必把学校教学管理导向更加复杂化的境地，引发更加难以解决的问题。

不同的教学模式是各种丰富教育教学理论的具体化，是对特定教学实践概括化的形式和系统。教学模式具有灵活性、多样性和可操作性，教师对教学模式的选择和运用必须要与教学目标相契合，要考虑实际的教学条件，针对不同的教学内容来选择不同的教学模式。

(二)教学模式如何提出？

这里讨论一下教学模式的管理问题：教学模式的制订与实施由谁做主？是上级主管部门做主，校长做主，教师做主，还是学生做主？

事实上，教学模式是为了实现学校教育教学目标服务的，教学模式的制订必须考虑到不同学校、教师和学生的发展特点和基本规律。

首先，教学模式由每一位校长负责管理，因此，学校上级主管部

[①] [加]迈克·富兰. 变革的力量——透视教育改革[M]. 中央教育科学研究所，译. 北京：教育科学出版社，2004.

门在制订教学模式时,应该与校长充分讨论和商议,要充分地给校长授权和信任,引导校长根据自己学校的具体情况确定符合学校自身发展的教学模式。

其次,教学模式是由每一位教师来具体实施的,因此,校长管理教师的教学模式必然要充分考虑教师的教学主要因素。在制订具体的教学模式过程中,校长应当与教师充分讨论和商议,倾听教师的想法和观点,考虑教师的个性特点和教学特色。换言之,教学模式应当根据教师的具体情况来制订,而不是由学校管理者单方制订。

最后,教学模式是为每一位学生发展服务的,因此,教师、校长和上级主管领导在制订和选择教学模式时也要考虑学生的因素。学生是教学模式最终的受益者和服务对象,教师在参与制订和使用教学模式时,要充分了解和尊重学生的学习特点和发展需求,根据学生的具体情况灵活地采用适合的教学模式。

(三)从教学模式看教师的自主权

在当前"应试"教育仍然存在的现实情况下,教学模式的制订常常受考试分数的制约,而对学生发展、教师教学和校长管理等因素都有所忽视,特别是对教师应有的教学基本权利有所忽视,尤其是对教师应有的教学自主权有所忽视。

1. 什么是教师的教学自主权

教学自主包括教学自主性和教学自主权两个部分,第三章对教学自主性加以讨论,这里重点讨论教学自主权。

教学自主权是外界赋予教师调控教学及相关事务的权利,它是教师有效实施教学的外在支持,获得充分的教学自主权有助于教师形成良好的教育理念和积极的教学态度。Anderson(2002)认为，具有创新性和艺术性的教学需要教师拥有自主权，教师必须有权利按照自己选择的方式来呈现教学材料，灵活地创造、改进或超越自己所教的课程。①

国外研究针对教师的教学自主权有着丰富的探讨，比如，Pearson 和 Hall(1993)研究中小学教师的教学自主权，发现它包含两方面的内容：②

一是课程自主权(curriculum autonomy)，主要包括"教学活动和材料选择"和"教学指导计划和程序"等方面的权利。

二是一般教学自主权(general teaching autonomy)，主要包括"课堂行为标准"和"教学工作决策"等方面的权利。

Pearson(1998)进一步进行研究发现，教师的工作满意度对教学自主权具有显著的正向预测作用，而教师的工作负荷和缺乏教学奖励等变量对教学自主权具有显著的负向预测作用。也就是说，教师工作满意度越高，就意味着教师拥有更充分的教学自主权，而教师的工作负荷越大、越缺乏教学奖励，那么其教学自主权就越小。③

2. 缺乏教学自主权导致教师失去外在动力

教学自主权是制约教师专业发展的重要外在因素。我国相关教育法律和学校规章制度对教师的教学权利做出了一些明确规定，但是，

---

① Anderson D R. Creative Teachers: Risk, Responsibility, and Love[J]. Journal of Education, 2002, 183(1), pp. 33-48.

② Pearson L C, Hall B W. Initial construct validation of the teaching autonomy scale [J]. Journal of Educational Research, 1993, 86(3), pp. 172-178.

③ Pearson, L C. The prediction of teacher autonomy[J]. Educational Research Quarterly, 1998, 22(1), pp. 33-38.

在学校管理实践中，教师的教学自主权往往不受重视，使得教师对所从事的教学工作缺乏应有的权威性，这在很大程度上降低了教师教学的主动性和责任感。

目前，一些学校的教师教学管理显得过于死板，教学模式规定过于整齐划一，比如，规定教师的教案撰写格式要一致，课堂教学进度要一致，教学方法要一致，课堂桌椅摆放要一致，等等。教师在肩负繁杂教学任务的同时，却往往缺乏选择教学方法和材料、安排课堂事务、组织教学活动等方面的自主权，这在客观上削弱甚至抑制了教师的工作动力。

在课题调研中，一位小学教师无奈地说："现在老师哪里谈得上有自主权？比如，老师们填写你们课题调研的问卷，很少会真实填写，原因很简单，学校领导会检查老师们都填写了什么，根本不允许教师们按照自己的想法填写。这几天，学校要求老师上课必须制作课件，老师就得做，不管上课实际是不是需要。老师们周六周日也要加班（指的是在家里完成教学工作），批改作业和制作课件。许多老师一到放寒暑假就开始生病，寒暑假一结束，病也就好了。紧张的工作让人都不敢生病，只好攒着，等到放假了再生病。学校要出成绩、见成效，好向上级领导汇报，最终的工作都要落到老师身上。"

还有一位中学教师感叹："有一次教育局有人来学校检查工作，校长要求全体教师穿西装，我没有西装，就没有穿，校长就批评我，说我态度不端正，不尊重教育局领导。其实，不穿西装并不代表不尊重别人，而且学校和教育局都没有教师上班要穿西装的规定。我去找校长想解释一下，刚一开口，校长就说我狡辩。觉得这样当教师挺没有意思的。"

在接受我们访谈的教师中,有些教师的话语非常朴实,有些教师对学校管理提出了中肯的建议,也有些教师的观点可能有点儿偏激,但都渗透着教师们对教学自主权的期望。教师在开展教学活动中表现出被规定的职业行为特征,缺乏应有的教学自主权,这势必导致教师产生消极的职业情绪,引发教师产生职业倦怠感,阻碍教师的专业发展,进而不利于学校发展,最终不利于学生培养。因此,当前学校管理有必要赋予教师充分的教学自主权。

三、管理与对策:赋予教师教学自主权

(一)赋予教学自主权,提升教师的教学动力

教师感受到教学自主权对教师的教学动力具有支持作用,而缺乏教学自主权对教师的教学动力有着阻碍作用。有研究表明,许多新教师因为发觉自己在学校中没有教学自主权而对教学缺乏积极性,缺乏教学自主权甚至已成为教师离职的一个重要原因。[1] 拥有基本的教学自主权是当前中小学教师的渴望和呼声。

教师的教学工作是一种富于创新而又需要灵活决策的复杂活动,它需要教师拥有充分的教学自主权。赋予教师应有的教学自主权是提升教师工作动力,促使教师积极面对教学活动的管理保障。

教学自主权是提升教师教学积极性的重要保障,是教师专业发展的外在动力支持。教师需要拥有充分的教学自主权,而不拘束于管理者的简单指令或一味地模仿他人的教学。教师需要有权利参与学校教

---

[1] Certo J L, Fox J. E. Retaining Quality Teachers[J]. High School Journal, 2002, 86(1), pp. 57-75.

学管理，发表自己的教学观点，做出自己的教学决定，展现自己的教学特色，灵活决定自己的课堂教学方式等。

因此，学校的教学管理应具有灵活性，允许教师根据自身的教学特点并结合学生的特点来设计和实施教学，要给予教师自主备课、撰写适合自己教学的教案、适时调整教学进度、根据教学内容和学生特点选取不同的教学模式和方法等方面的权利。教师在肩负繁杂教学任务的同时，必须拥有基本的选择教学方法和相关教学材料的自主权。这将增强教师教学工作的积极性，提升教师专业发展的动力。

(二)赋予教学自主权，提升教师管理效率

当前学校管理改革越来越强调把充分的教学权利交给教师，切实赋予教师充分的教学自主权，从而提升学校教师管理效率。然而许多学校的教师所肩负的责任远远超过了他们的权利，其应有的教学自主权也受到限制，教师对学校教育情境和自身教学活动缺乏控制感和权威感。形式化、简单化的教师管理方式已经成为教师发展的主要制约因素。

有些校长担心，提升教师的教学自主权将意味着学校失去对教师的控制。然而事实并非如此，科学有效的教师管理需要赋予教师充分的教学自主权，如果学校管理忽视教师的教学自主权，过于强调对教师的控制，那么势必会降低教师管理的效率，导致教师工作变得被动且守旧。

事实上，提升教师的教学自主权与加强对教师的管理并不矛盾，学校管理者需要重视并努力采取措施来提升教师的教学自主权，巩固教师的教学权威地位，从而培养教师为学校发展和学生成长服务的主

人翁精神。

当然，赋予教师教学自主权也不等于学校管理对其放任自流，教学自主权要受到教师的责任感和爱心的辅助支持，才能真正发挥其促进教师专业发展的作用，因此，提高教学自主权要以不断提升教师的教学素养为前提。如果教师缺乏良好的教学素养，而一味提高教学自主权，那么教学就可能变得混乱而低效。这对教师评价与管理提出了新的挑战。

总之，教学自主（包括自主权和自主性）是制约当前教师专业发展的重要因素。教师专业发展既要提升内在动力，激发教师的教学自主性，又要加强外在动力，充分赋予教师教学自主权。"百年大计，教育为本；教育大计，教师为本"，真正理顺百年大计与教育大计的关系，就需要正确地认识教师的地位和作用。提升教学自主性和教学自主权是对教师的教学价值、尊严和内在潜能的充分重视，是真正"以人为本"的体现。

结合第三章所讨论的"教学自主性"这一教师专业发展的内在动力，下面对教学自主性和教学自主权对教师教学创新的作用专门加以深入探讨。

拓展资料：

教学自主性、教学自主权是教学创新的条件和保障

目前，教师的教学创新受到广泛关注，教学创新涉及教师的认识、情感过程，也涉及教师的个性特征，还与教育体制和学校管理为教师专业发展所创设的环境有关系。教学缺乏创新在很大程度上影响着学校教育改革的顺利实施，阻碍着学校创新教育的整体推进。

当前，基础教育改革对教师专业发展提出了更高的要求，教师被赋予学生学习的辅助者和支持者、教育教学的研究者、课程的建设者和开发者等职业角色。就学生发展而言，教师的职责不仅是向学生传递知识，更重要的是帮助学生学会学习，学会批判地思考和解决问题，因此，教师要不断提高自身素质以适应学校教育改革与发展的需求，这些都对教师的教学创新提出了更高的要求。

然而，在当前的教育教学情境中，教师教学创新的表现并不令人乐观。教师要想成为名副其实的富于教学创新的教育者，就必须不仅拥有充分的教学自主性，也要拥有相应的教学自主权。否则就可能失去完成教学任务的动力，教学任务就可能成为教师的负担，在这种情况下，就更没有教学创新可言。

教学自主性和教学自主权不仅是教师的需要和愿望，也是教师有效实施教育教学活动的内在与外在条件，它们对教师形成良好的教育教学观念和态度具有重要作用。然而，目前在许多学校，教师的教学自主性和自主权并没有受到管理者的重视，而且在教学仅仅被视为谋生的手段，而不是培育人的专业化工作的情况下，教学自主性和自主权就更容易被忽视。这不仅抑制了教师的主人翁精神，也降低了教师教学的权威地位，更难以激励教师的教学创新。

(一)什么是教学创新

当前社会发展充满复杂的变化和前所未有的挑战，创新日益显露其独特的地位和价值。社会发展越来越要求个体具有创新精神和创新能力，以适应不断发展变化的新情况，解决不断涌现的新问题。

创新人才的培养依靠创新教育。培养学生的创新精神和创新能力是当前我国学校教育的一项重要任务，而教师的教学创新是实现这一任务的客观要求。因此，学校教育呼唤教师的教学创新，比如，教师对学生的认识与态度需要创新，教师与学生的课堂沟通需要创新，教师引导学生学会解决问题的教学技能与方法需要创新，等等。可以说，教学创新是教师专业化的集中体现，也是学校创新教育成败的关键因素。

然而，在许多职业领域，创新这一概念的内涵通常被理解为一种产出新颖的、独特的、有价值的产品的认知过程，但是这种对创新的理解并不适用于教师这一职业领域，因为教师教学创新的"产品"最终体现在学生获得的成长与发展上，而学生的成长与发展具有迟效性和滞后性，而且学生的学业成就和发展往往并不是个别教师培养的结果。

对于教师这一培养人的特殊职业而言，创新体现在教师的教学过程中，它不仅是一种智力特征，更重要的是一种人格特征和精神状态。教学创新并不在于一定要新颖地、独特地、与众不同地解决教学过程中的各种问题，而在于教师能够积极认识不断革新的教育教学理念和观点，充分尊重和理解学生的个性差异，根据自身优势和特点采取适合的教育教学方式，因材施教地对待学生。

可见，教学创新与教师职业领域紧密结合，它主要由三方面构成：

一是教育理念创新。这是指教师要具有与自己教育教学活动相关的、科学的教育思想和教育教学观念。随着教育和社会的发展，教师的思想和观念也要不断更新。教师要能准确地理解当前教育改革与发展的方向，树立符合时代要求的教学观和学生观。

二是知识方法创新。知识方法的创新是教师专业活动创新的基础，它为教师的教育教学活动创新提供保障。具体包括：教师的专业性知识、条件性知识和实践性知识不断获得更新和整合，教师的教育教学方式、方法和手段要适应学生发展的需要。

三是师生关系创新。教师要积极理解学生心理与行为特点，以发展的、个性的、系统的眼光看待学生成长中的各种问题，与学生建立有助于学生发展、符合教育和社会发展要求的、平等民主和谐的师生关系模式。

(二) 教学自主权是创新的外在条件

教师拥有充分的教学自主权是实现教学创新的外在条件。在不违背教育教学目标的前提下，教师要有充分的权利使用自己认可的、有意义或有效的教学方式向学生教授教学内容，教师要有权利在较大程度上调节和控制自己的教学过程。

目前，许多中小学教师对自己所从事的教学工作拥有较低的自主权，学校管理者或学校上级主管部门对教师往往管得过于烦琐和死板，许多教师在肩负繁重教学任务的同时却缺乏调控教学活动的基本权利。比如，教师在学校制订教育教学决策时缺乏基本的参与权，在处置学校教育教学事务时缺少基本的话语权，甚至有些学校还为教师指定课堂教学方法，剥夺了教师自主选择的基本权利。教师缺乏应有的教学自主权可能导致其对教学逐渐失去热情和动力，教学创新也就无从谈起。可见，教学自主权这一外在条件的缺失在很大程度上削弱和抑制了教师的教学创新。

根据教师发展现状和特点，学校需要相应提升教师的教学自主权。这并不意味着学校对教师失去管理，而是意味着对教师管理的加强和完善。因为学校管理教师的本质在于为教师发展服务，而不是束缚教师发展，赋予教师教学自主权的实质在于管理者把教师视为自主的人，从而激发教师的教学动力和潜能。学校管理者需要重视并努力采取措施来提升教师的自主权，增强教师的教学权威地位，从而提升教师专业发展水平。

Anderson(2002)指出：虽然赋予教师充分的教学自主权具有一定冒险性，但这将使得教学充满创新的理念和活力。[①] 校长赋予教师充分的教学自主权，这将使得教学充满创新的活力。正如杜威所指出的那样，创新的大敌就是极端地被控制和过于主观臆断，如果学校的管理者和决策者过于考虑回避风险，过于强调对教师的控制而不是赋予其充分的教学自主权，那么教师势必因此而失去教学动力，变得因循守旧，教学也势必失去创新的氛围。

(三)教学自主性是创新的内在保障

教学创新要以教师的教学自主权为外在条件，同时也要以教师的教学自主性作为内在保障。学校管理者在提升教师自主权的同时，也要关注激发教师的教学自主性，教学自主性是创新的内在心理保障。当教师有意识地调控自己的教学方法与行为，积极主动地开展教学活动时，教学创新就有了内在保障。创新的教学需要教师拥有积极的教育教学信念，对教学工作具有责任感，具有教学的热情和内在动力。

只有当教师拥有教学自主性，把教育教学工作视为自己分内的事情，对学校承担起一份责任，对学生有一份爱心，教学才具有创新的可能。如果教师缺乏教学自主性，教师对教学工作缺乏内在动力和基本责任感，那么教学工作就可能因被动而变得低效，甚至可能出现混

---

① Anderson D R. Creative Teachers: Risk, Responsibility, and Love[J]. Journal of Education, 2002, 183(1), pp. 33-48.

乱松散、不负责的课堂教学，也就不会有教师的教学创新。

教师的教学缺乏内在动力是制约教师专业发展的主要问题，导致这种状况既有教师自身的原因，也与目前学校管理给教师带来过多的束缚密切相关。目前，中小学教师的教学自主性仍然亟待提高，改变有些教师习惯于消极被动地接受"他主"的局面，既要提高教师自主教学的意识，也要提高教师自主教学的能力。学校管理者要注重调动教师积极的教学情绪，启发教师专业发展的主动性，提升教师自主发展的动力，引导教师把自身职业作为其为之奋斗的事业和人生追求。

（四）教学自主权和自主性协同激发教学创新

在赋予教师教学自主权的同时，也要注重提高其教学自主性。教学自主性与自主权相互作用，共同激励着教师的教学创新。良好的教学自主性有助于教师把握好自身所拥有的自主权，并进一步使教学自主权发挥其应有的价值。教学自主权如果没有自主性来制约，教师的教学决策就可能变得失去条理，过于草率和武断。同时，教学自主性也在一定程度上受其自主权的影响，没有教学自主权做保障，教师的自主性也难以持久。

良好的教学创新产生于自主权和自主性的协同作用之下。比如，随着学生不断发展，教师曾经使用过的有效教学方法，可能并不适用于现在的课堂教学，对有些学生适用的教学模式，也可能并不适合于另一些学生。这就需要教师根据学生的特点及时调整，这种调整就是教学创新的表现，它一方面需要教师拥有教学自主权，来选择使用与教学情境相适应的方法；另一方面需要教师拥有教学自主性，能够积极主动地改进教学方法。

学校教育的目的在于培养有良好素质、符合社会发展需要的人才。从根本上讲，教学创新与学生发展密切相关。教师只有拥有教学自主性和自主权，教学创新才成为可能，学生获得良好发展才可能成为现实。当前教育改革和教师专业化越来越强调把充分的教学自主权下放给教师，同时也强调调动和提升教师的教学自主性，其价值在于使教师成为创新型的教育者。教师只有具有创新的教学意识、教学观念和教学能力，才能使学生获得良好发展。教师只有拥有教学自主权和自主性，才能因材施教地面对多样化和个性化的学生，实现教学创新，使每个学生都能在各自不同的基础上得到充分发展，从而实现教育的目标。

但是，当前过于形式化和简单化的教师管理方式严重制约着教师的教学自主权，也降低了教师的教学自主性。许多学校管理者或上级主管部门对教师的管理过于控制，简单地强调整齐划一，"一刀切"式地管理教师，却忽视了教师的个性差异和发展需求，教师教学自主权和自主性的作用和价值难以实现，也就没有教学创新可言。

我们的研究表明，教师的教学自主权对教学创新观念具有重要的直接意义，而教学自主性虽然对教学创新观念没有显著的直接效应，但它通过作用于教学自主权这一中介变量来对教学创新观念产生间接效应，而且这一间接效应非常显著。教学自主权与教学自主性之间具有相互作用、互为因果的关系。当教师的教学自主性和自主权越高，教学创新观念就越好。教师的自主性越高，越有利于感受到更充分的自主权；反之教学自主权越大，越有助于提高教师的教学自主性。详见图4-1。

培养教师创新不仅涉及教师的认识、情感和人格特征，而且还与教育体制和学校管理为教师发展所创设的环境有关系。前者所强调的

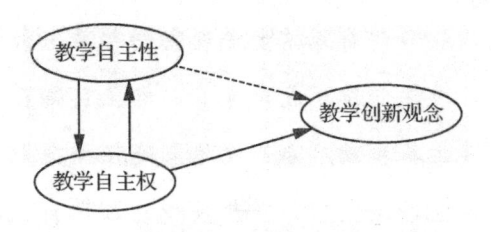

图 4-1 教学自主性、自主权与教学创新观念的关系

就是教学自主性对创新的作用，后者则强调教学自主权对教学创新的价值。

可见，教学自主性和教学自主权都作用于教学创新观念，教学自主权的作用更为直接，而教学自主性的作用较为间接。因此，在培养教学创新观念的过程中，既要重视赋予教师教学自主权，也不能忽视提高教师的教学自主性。

虽然内因是事物发展的关键，但是如果没有外因作为条件保障，那么，事物也很难获得发展。从图 4-1 可以看出，教学自主权是制约当前教师教学创新观念的重要原因，它对提高教学创新观念具有直接效应。如果没有充分的教学自主权，即使教师具有良好的教学自主性，也难以对教学创新观念产生效应。

当前教育改革和教师专业发展越来越强调把更充分的自主权交给教师，也注重提高教师教学自主性的作用。我国教育目的旨在培养有良好素质并符合社会发展需求的人才，而教师的创新观念与学生发展有着密切关系，教师的创新观念是培养创新人才的基础。提高教学自主将有助于教师树立创新观念。

概括而言，教师的教学自主与创新两者密切相关，不可分割。教学自主是教学创新观念的手段，而教学创新观念是教学自主的价值体现。面对有效教学和学校管理，学校管理者不仅要充分地赋予教师教学自主权，同时，也要不断激发和提升教师的教学自主性，从而真正实现教学创新。

本章思考题

1. 什么是教学自主权？提升教学自主权的管理意义是什么？
2. 校长如何赋予教师教学自主权，激发教师工作的外在动力？
3. 校长如何理解教学自主性、教学自主权与教学创新的关系？

第二部分　引领教师成长的专业知识与方法

"引领教师成长"的专业知识与方法：

1. 把握教师职业素养要求，明确教师的权利与义务。

2. 掌握教师专业发展的理论以及指导教师开展教育教学实践与研究的方法。

3. 掌握学习型组织建设的方法以及激励教师主动发展的策略。

——《义务教育学校校长专业标准》

实现对教师成长的引领，校长除了需要对教师专业发展有深刻的专业理解与认识以外，还必须掌握与教师成长相关的专业知识与方法。只有在树立正确理念和认识的基础上了解和掌握恰当的知识和方法，校长方能扮演好教师成长引领者的角色。

第五章　教师的专业素质及其培养

教师专业素质指的是对以从事教育教学工作为专门职业的教师的整体要求，它是教师从事教育教学必须具备的基本条件，是教师在教育教学活动中表现出来的、对其教育教学效果有决定作用、并对学生身心发展有直接影响的素质的总和。[①]

充分认识教师的专业素质的基本内容，明确教师的教育教学职责，这是校长进行教师管理的重要保障。校长只有充分了解教师的责任，才能对教师提出合理的管理要求，制订积极的管理策略，实施有效的教师管理。

一、案例及问题：这个学生的素质有问题吗？

教师的专业素质体现在教育教学行为之中，而教师的教育教学行为又受其教育教学理念的引导。从根本上讲，如果教师的教育教学理

---

① 林崇德，申继亮，辛涛. 教师素质的构成及其培养途径[J]. 中小学教师培训，1998(C1).

念出了问题或偏差,那么其相应的教育教学行为就可能出现问题,进而教师的教育教学效果就可能与其教育教学目的背道而驰。

在一所中学,一位教师气愤地向我讲述他刚在课堂上与一位问题学生的"遭遇",并认为:"这个学生素质有问题"。

事情是这样的,这位教师在为初二的一个班级学生上课时,突然看到一个男生懒洋洋地倚着墙歪坐着。也许教师觉得学生这样坐是对教师的不尊重,或是认为学生这样坐会干扰其他同学,于是教师请这位学生回答问题,想引导他坐正,但学生站起来回答了教师的提问之后,又重新倚着墙歪坐着。教师通过多种方式暗示学生坐正,但是学生并不理会。

于是,教师直接点名,要求这位学生坐端正,而学生对教师的要求仍然置之不理。教师就走到学生面前,要求学生坐正,但是学生还是不服从,于是教师亲手抓着学生肩膀,终于把他扳正了。但是当教师回到讲台上,转身却发现那个学生又倚着墙歪坐着。于是教师再次走过去,抓着学生肩膀把他扳正,但是当教师回到讲台,发现学生依然歪坐着。

教师开始批评学生,质问学生:"你有病啊!"学生强硬地回答:"我就有病,我有软骨病。"于是,教师大发雷霆,批评这个学生是不遵守纪律、不尊重教师的问题学生,并指责这个学生有严重的心理障碍。于是,课堂秩序变得混乱,教学活动也被迫中断。

教师的本意是希望学生认真听课,专心学习,但是结果却是基本的教学活动都难以得到实施。这到底是学生的素质问题,还是教师的专业素质问题呢?

二、分析与讨论：教师专业素质存在的问题

(一)从学生的"素质问题"看教师

在以上案例中，那位教师多次气愤地抱怨"学生素质有问题"，我们的确能感受到那个处于青春期发展阶段的初中学生可能存在发展性的心理问题，但是那位教师自身的专业素质方面也可能存在某种发展问题。

之所以这样认为，并没有对那位教师有指责之意。我能理解那位教师教学工作的辛苦和不易，也能体会到那位教师对学生发展的一片苦心。教师希望学生专心听课，想及时纠正学生课堂上出现的问题，表明他关注学生的课堂表现，关心学生的学业发展，希望取得良好的教学效果。但是，导致教师这种"遭遇"的原因与教师处理问题的方式不当不无关系，其根源就是教师的教育教学理念和认知的问题。

那位教师处理学生问题的方式正反映着教师的专业知识可能有所欠缺，教育理念可能不太合理，比如，他可能对中学生的心理发展缺乏充分的认识，不太了解青春期学生"逆反"心理的特点，也就缺乏积极的心理准备和有效的应对策略。如果这位教师在专业素质方面加以完善，相信一定能处理好学生上课"歪坐"以及类似的学生问题。

针对学生上课"歪坐"的问题，我在一些学校为教师们做讲座时，问教师们是否同意课堂上学生"歪坐"？结果发现，在不同的学校，少则大约有10%，多则大约有50%的教师表示"不同意"，认为学生在课堂上不能"歪坐"，一定要让学生坐端正。问及原因，有的教师认为那样是对教师的不尊重，有的教师认为那样会干扰其他学生，有的教

师认为学生歪着坐会影响其脊椎发育,有的教师认为那是学生学习态度不端正的表现等。

许多教师坚定地认为"学生坐不端正,就会影响学习",这种观念在其认识体系中不断被强化,却不思考其中是否有必然联系。但是,在大多数情况下,教师进教室给学生上课的目的不在于培养学生的坐姿(除非是形体课),而在于实现相应的教学目标,学生坐姿端正与其是否专心听课并没有直接关系。而且,从目前的科学研究来看,目前没有任何一个教育科学研究发现学生的坐姿与学习效果或教学效果有关系,或者说科学研究还没有证明学生的坐姿与其学习有关。因此,教师也许不必苛求学生的坐姿,而应更多关注提升教学的趣味性,通过提升学生的学习兴趣,引导学生表现出积极的坐姿。

(二)教师专业素质的问题现状

就广大教师群体而言,目前存在一些值得关注的教师专业素质问题,主要表现为以下几个方面。

1. 教师的教育教学理念问题

基于我国基础教育与课程改革所关注的理念,当前教师的教育教学理念主要体现在三个方面:学生观、教学观和教师观,即教师如何认识学生、教学和教师自身。

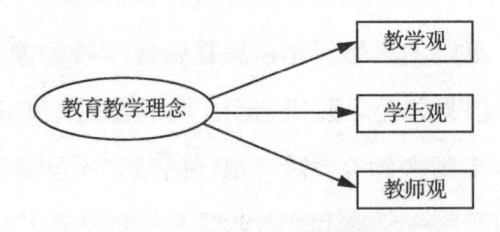

图 5-1　教师的教育教学理念结构

教师的"学生观"主要存在的问题表现在：①忽视学生的本质特征，不接受学生出现的错误或问题；②缺乏以发展的眼光看待学生，忽视学生的发展潜能；③忽视学生的个体差异，违背因材施教的基本教育规律；④忽视学生学习的主体性，不尊重学生的独立人格。

教师的"教学观"主要存在的问题表现在：①忽视课堂教学与课程的紧密联系；②注重单向讲授，而忽视课堂教学过程中的师生互动；③教学过于重视教学结果，而忽视教学过程；④教学过于强调认知培养，而忽视情感关怀，强调教书，而忽视育人；⑤教学缺乏对学生的思维、想象和个性的尊重。

教师的"教师观"主要存在的问题表现在：①强调教师是对学生的控制者，而忽视指导与促进的作用；②忽视教师对教育教学活动的行动研究者角色；③强调教师的教育价值，而忽视教师作为家校沟通联络者的角色；④强调教师是学生的绝对权威，而忽视教师作为学生发展的支持者和朋友角色。

2. 教师的专业知识问题

完善的教师专业知识结构是教师顺利从事教育教学工作的前提条件和基础。关于教师的专业知识结构有多种看法，概括而言，主要由以下四方面构成。

(1)本体性知识，即教师所具有的特定的学科知识，比如数学教师要掌握数学本身的知识。

(2)条件性知识，即教师所具有的教育学与心理学的知识，它是教师关于"如何教"的知识。

(3)实践性知识，即教师如何灵活有效地进行教育教学实践所应具备的知识，它是教师教育教学经验的积累。

(4)文化知识,即教师面对复杂的教学情境,应具备广泛性和综述性的知识。

有研究针对小学数学教师的知识进行调查,发现教师的学科知识(本体性知识)的通过率高达88.2%,教师掌握良好的涉及数学学科基本概念、公式运用和应用题等方面的知识;但是其条件性知识和实践性知识并不理想,通过率分别为63.2%和68.8%,比如,教师在学生个性差异、教学方法与策略方面的知识较为薄弱。①

也有研究通过对东北省会城市初中数学教师的知识结构分析发现,教师在知识结构类型上有很大的差别,有三分之一的教师在各种教师知识上都是非常好的,有大约三分之一的教师在分科知识上不足,还有大约三分之一的教师在实践知识上不足。以年轻教师占多数的分科型教师可能更需要通过教学实践及其对实践的反思而实现教师知识的整合,而以年长的普通教师为主体的经验型教师则可能更需要各种不同分科知识的更新。②

表5-1　初中数学教师的知识结构类型

	教师知识结构类型			F 值	P 值
	均衡型	经验型	分科型		
教育理论知识	11.85	6.73	8.77	9.826	0.000
数学课程知识	7.81	5.41	6.19	7.169	0.001
数学学科知识	32.78	15.82	28.83	82.336	0.000
学科教学知识	29.07	13.27	12.62	87.678	0.000
所占比例	36%	29%	35%		

---

① 李琼. 小学数学教师的教育专长:对职业知识的探讨[D]. 北京:北京师范大学,2000.

② 韩继伟,黄毅英,马云鹏,卢乃桂. 初中教师的教师知识研究:基于东北省会城市数学教师的调查[J]. 教育研究,2011(4):91-95.

3. 教师的学历水平问题

教师学历水平是衡量教师队伍整体素质的一项重要指标，针对教师的专业知识，从当前我国教师的学历状况可以发现一些存在的问题。根据教育部 2012 年公布的中小学教师学历统计数据，① 小学与初中教师的学历现状如下表 5-2 和表 5-3 所示。

表 5-2　我国小学教师的学历现状

学历	研究生	本科	专科	高中	高中以下
人数	14 459	1 805 118	2 922 865	832 459	10 575

其中，小学教师的学历以专科和本科为主，只有很少一部分达到研究生，还有少部分教师的学历为高中及以下。专科及以上学历的教师人数占全体教师的 84.91%，而本科及以上学历的教师人数仅占全体教师的 32.58%。

表 5-3　我国初中教师的学历现状

学历	研究生	本科	专科	高中	高中以下
人数	36 424	2 473 810	963 243	30 136	750

其中，初中教师的学历很少一部分达到研究生，初中教师的学历以本科为主，还有少部分教师的学历为专科及以下。专科及以上学历的教师人数占全体教师的 99.12%，而本科及以上学历的教师人数占全体教师的 71.78%。

我国 1993 年颁布的《教师法》规定："取得小学教师资格，应当具

---

① 数据来源：教育部门户网站，http://www.moe.gov.cn。

备中等师范学校毕业及其以上学历;取得初级中学教师、初级职业学校文化、专业课教师资格,应当具备高等师范专科学校或者其他大学专科毕业及其以上学历。"1999年在《中共中央国务院关于深化教育改革全面推进素质教育的决定》中明确提出:"有条件的地区要培养具有专科学历的小学教师和本科学历的初中教师,逐步提高高中教师的学历,扩大教育硕士的培养规模和招生范围。"

事实上,我国一些发达地区和城市的中小学教师入职的学历门槛已经达到本科标准,有的学校或学科甚至达到了研究生标准,学历标准有了进一步的提升,教师学历整体也有大幅度的提高,但是广大欠发达城市和农村地区的中小学教师的学历仍然较低。特别是与发达国家相比,我国中小学教师起始学历要求还是相对偏低。我国小学与初中教师的学历中专科及以上的人数分别为84.91%和99.12%,学历本科及以上的人数分别为32.58%和71.78%。虽然,从纵向来看,我国中小学教师的学历水平层次有了很大的提升。然而从横向来看,我国中小学教师的学历本科及以上的比率仍然远低于发达国家水平。

拓展资料:

我国教师学历状况[①]

发达国家中小学教师的起始学历要求具有本科学历、学士学位,高中教师一般应具有硕士学位,有的国家还要求教师必须接受1~2年的专业学位训练。比如,美国中小学教师申请者必须具有本科学

---

① 资料选自http://www.jyb.cn.,2009年11月30日,中国教育新闻网—中国教育报,中国中小学教师发展水平报告(2010),中央教育科学研究所教师发展研究中心.

历，有些州甚至要求小学教师必须获得教育硕士学位，高中教师除获得一门学科的学位外，还必须获得教育硕士学位；日本小学和初中教师的起始学历标准必须具有本科学历，取得高中教师资格需要拥有或者相当于研究生的学历；英国小学教师必须具有教育学士学位，中学教师需具有研究生教育证书（专业学士学位获得者受过1年教育专业训练的证书）；韩国的学历标准也基本如此，小学教师必须是教育大学毕业者，中学教师必须是师范大学毕业者，而德国和澳大利亚的中小学教师均要受过高等学校教育后再经过考试或者实习，才可上岗执教。

随着我国高校的不断扩招和教师教育事业的快速发展，我国中小学教师的可选择余地不断加大，伴随国际教师发展趋势，适应当前我国基本国情和教情，提高中小学教师学历标准迫在眉睫。

教师资格合格率指符合国家标准的教师比率，是反映该国教师素质水平的重要指标。根据2007年统计数据分析，各国初等学校教师资格合格率平均值是86.55%，其中，奥地利、冰岛、卢森堡、瑞典、希腊、匈牙利的初等学校教师资格合格率为100%，我国内地初等学校教师资格合格率为73.87%，详见下图。

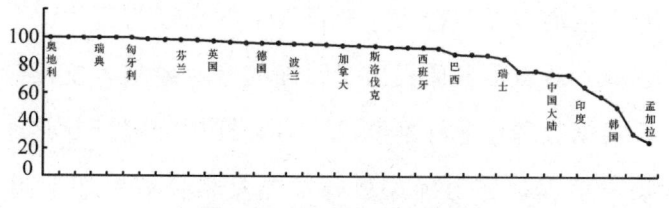

各国初等学校资格合格率统计图

由于我国的教师资格证书起始学历层次低、获取难度比发达国家相对容易，即使同样的教师资格合格率，我国教师的整体素质水平也可能偏低。另外，我国还存在没有实行全国统一的教师资格考试制度、资格考试内容不科学、教师资格"门槛"过低、教师资格证"终身制"、缺乏激励约束机制等问题，教师素质水平在制度层面没有得到很好的保证，也急需改进和加强。

三、管理与对策：提升教师的专业素质

(一)校长要充分认识教师的专业素质

根据教育部颁布的《小学教师专业标准(试行)》和《中学教师专业标准(试行)》，一名合格的中小学教师应具备三方面的素质，即专业理念与师德、专业知识和专业能力。校长是教师实现自身素养提升的引领者和支持者，必须熟悉和掌握上述三方面内容。

第一，校长要熟悉教师专业理念与师德的内涵。教师的"专业理念"指教师在理解教育工作本质基础上形成的关于教育教学的观念和信念，"师德"是指教师和一切教育工作者在从事教育活动中必须遵守的道德规范、行为准则和情操品质。[1] 教育部颁布的两个标准——《小学教师专业标准(试行)》与《中学教师专业标准(试行)》均从职业理解与认识、对学生的态度与行为、教育教学的态度与行为、个人修养与行为四个领域，对教师素质提出了明确的专业要求。校长在教师管理过程中，要根据教师专业标准要求，对全校教师进行专业理念与师德方面的考核与培养，努力确保教师都能具备良好的职业道德和专业精神。

---

[1] 教育部教师工作司.中学教师专业标准(试行)解读[M].北京：北京师范大学出版社.2013：53.

第二，校长要熟悉教师的专业知识。教师专业知识是教师专业发展的重要组成部分，是支撑教师教育教学的基础。学校教育的根本目的是为了促进学生的发展。教师的专业知识水平不仅影响着教育教学工作的开展，而且影响着学生的学习效果。当前，我国基础教育课程改革深入实施，对广大教师专业知识水平提出了更高的要求。具体而言，现代教师需要具备教育知识、学科知识、学科教学知识以及通识知识。

第三，校长要了解教师的专业能力。教师专业能力是教师专业发展的重要内容，是教师顺利开展教育教学活动、促进自我发展的根本保证。根据教育部颁布的中小学教师专业标准，现代教师应该具备教学设计能力、教学实施能力、班级管理与教育活动能力、教育教学评价能力、沟通与合作能力以及反思与发展能力。其中，教学设计能力包括教学目标设计能力、教学过程设计能力等内容；教学实施能力包括教学情境创设能力、教学应变能力、现代教育技术应用能力等内容；班级管理与教育活动能力包括班级管理能力、教育活动能力等内容；教育教学评价能力包括综合评价学生的能力、教师自我评价与改进能力等内容；教师沟通与合作能力包括师生对话能力、同事合作能力、家校合作能力等内容；教师反思与发展能力包括反思能力、职业生涯规划能力等内容。

(二)校长要注重完善教师的专业知识结构

1. 教师的专业知识结构

教师的知识结构是教师顺利从事本职工作的前提条件，也是教师形成科学合理的教育教学理念的基础。关于教师的专业知识结构的不同看法，主要由四方面构成。

(1) 本体性知识

这是教师所具有的特定的学科知识，比如，数学教师就必须要掌握数学知识。本体性知识是教师所具备的执教学科的概念、原理、理论、方法等相关的知识。具体而言，教师应该理解所教学科的知识体系、基本思想和方法、基本原理和技能，了解所教学科与其他学科的联系，了解所教学科与社会实践的联系。本体性知识是教师专业知识的主要内容之一，是教师正常开展教学、保证基本教育质量的前提、基础以及必要条件。本体性知识是教师从事自身职业的基础，但是，教师拥有的知识越高深，并不意味着所取得的教育教学效果就越好。具有本体性知识是教师获得专业地位的必要但不充分的条件。

(2) 条件性知识

条件性知识也称为教育知识，它是指教师从事教育教学工作所应具有的教育学与心理学的知识。条件性知识是教师知识结构的重要组成部分，是开展教育教学活动的基础和前提。条件性知识是关于教师"如何教"的知识，即教师如何把本体性知识教给学生的知识。具体表现为教师掌握的关于中小学教育的基本原理和中国教育基本情况的知识，关于学生身心发展的知识，关于班集体建设与管理策略方法的知识，关于教与学的知识，关于学生评价的知识和关于教学手段方法与现代化信息技术的知识等。这种知识是教师成功从事教育教学工作的重要保障。关于条件性条件教师要重点掌握以下方面：

•教学策略。如果教师能够寻找到一种最大限度地拓宽学生的"自由"空间，而又最大限度地提高学生掌握知识、发展自身能力的教学策略，无疑将受到学生的尊敬和爱戴。

- 现代教育技术的掌握与运用。如果教师不了解如何更加有效地运用现代教育技术，那么投影机与多媒体在教学中都将没有任何实际意义。教室里安装的电子白板并不是神奇的魔法，教师才是真正的"魔法师"。

- 有关特殊学生的知识。教师要了解学生的心理发展与身体发育的个别差异，才能公平地对待班级中资质禀赋不同、家庭教育背景不同、发展现状不同的学生。

- 心理调适与辅导的知识。教师在教育教学过程中，不可避免会遇到学生发展过程中出现的人际关系、自我发展、情绪情感和学习适应等各种各样的心理问题，其中，有发展性的问题，也有障碍性的问题，教师对这方面的知识要有基本了解。

(3) 实践性知识

教师的本体性知识要通过教育教学实践传授给学生，条件性知识也要与具体教育教学实践相结合，因此，教师在具备本体性知识和条件性知识的同时，也要不断丰富实践性知识。实践性知识也被称为学科教学知识，它是教师在丰富多样的学科教学实践情境中如何灵活、有效地进行教育教学所应具备的知识，它是教师在教育教学实践中不断积累所获得的知识。实践性知识往往体现于教师在具体的教育教学情境中表现出的教学经验和教育机智，具有实践性、情境性、隐蔽性等特点。

(4) 文化知识

文化知识也被称为通识知识，它是与教师有效实施教育教学工作有关的、广博的文化知识，它往往能体现出教师综合的、深厚的学识功底和专业素质。这些知识虽然是普通的文化知识，却是教师作为专业人员和开展有效教育教学所不可或缺的知识。随着科技进步和教育发展，社会对教师的要求已经不再是"教给学生'一碗水'，教师要有'一桶水'"，而应该是不断自我充实与更新的"泉水"。因此，教师除了要具有上述的本体性知识、条件性知识和实践性知识以外，还要有广博的文化知识。教师文化知识的广泛性和深刻性有助于学生的良好培养。掌握广博的文化知识对教师取得良好的教育教学效果具有重要意义。具体而言，教师要具有基本的自然科学知识、人文历史知识、社会科学知识，也要具有与自身学科教学相关的道德教育知识、艺术欣赏知识、心理健康知识等。

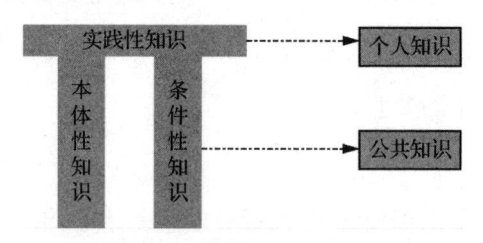

图 5-2 教师专业知识的结构

如图 5-2 所示，在教师的知识结构中，本体性知识是教学活动的实体部分，教师在教育教学活动中为了有效传递本体性知识，就需要结合教学对象的特征对学科知识做出符合教育学和心理学原理的解释，以便学生能够很好地接受和理解，因此，教师的条件性知识对本体性知识的传授起到一个理论性支撑作用。而且，教师的本体性知识和条件性知识作为一种公共知识，往往运用于具体的、特定的教学情境中，因此，实践性知识作为教师的个人知识，对本体性知识的传授起到一种实践性指导作用，也能促进条件性知识的有效运用。此外，教师广博的文化知识有助于加强知识之间的紧密联系，对有效教学往往能起到锦上添花的作用。总之，具备特定的专业知识结构是教师个体专业发展的基本内容。

2. 完善教师的专业知识结构

对于校长而言，如何引导教师不断完善专业知识结构呢？这里从教师管理的视角，给校长提几个建议。

(1)做好教师入职考核。新教师入职时，校长要对应聘教师的专业知识加以了解和考核，以招到具有良好专业知识素养的教师。

(2)引导教师不断学习专业知识。随着学校教育改革与发展，教师的专业知识不断丰富，教师以往的专业知识并不是一劳永逸的，而是需要不断更新、不断充实。比如，校长引导教师多读教育文献、杂志和书籍，可定期向教师推荐值得阅读的、与教育教学有关的文献和书籍。

(3)校长自身要不断学习教育教学知识。为了更好地管理教师，引导教师不断完善专业知识，校长自身也要丰富教育教学与管理的理念，学习前沿的教育理论和方法，深入理解当前的学校管理问题及对策。

(三)改进教师的教育教学理念

1. 教师的教育教学理念

当前，我国基础教育与课程改革需要对教师的教育教学理念进行科学合理的分析。教师的教育教学理念主要表现在学生观、教学观和教师观三个方面。校长在学校管理实践中，要关注改进教师的理念，并以此来引导教师发展。

(1)关于"学生观"，主要提倡以下几个方面

· 学生是不成熟的人，是发展的人，学生的心理发展是有规律的。

· 学生的发展是有潜能的。

· 学生是独特的人，学生是完整的、富有个性或差异性的人。

・学生是独立意义的人，学生人格是独立的人，是学习的主体，是责任和权利的主体。

(2)关于"教学观"，主要提倡以下几个方面

・教学与课程的紧密联系。

・教学是师生互动，而不仅是单向讲授。

・教学既重结果，也重过程。

・教学要既关注学科也关注人，既重认知也重情感，既重教书也重育人。

・教学要尊重学生的思维、想象和个性。

(3)关于"教师观"，主要提倡以下几个方面

・教师是学生学习的促进者。

・教师是教育教学的研究者。

・教师是与家长、社区相互沟通的开放者。

・教师是学生发展的支持者和朋友，而不是绝对权威。

2. 学生观是教师理念的核心

(1)什么是学生

这里讨论的"学生"是狭义的概念，即学校的学生。我曾向许多教师提出过这个问题，教师的回答各种各样，最多的回答是："学生是在学校学习的人""学生是向教师学习的人""学生是在学校受教育的人"等。这样的回答与现代汉语词典中对"学生"的解释是基本一致的，但是这些解释并没有说出学生最本质的含义。

学生最本质的含义在于，学生是在学校学习陌生东西的人，"学习陌生东西"这是学生最本质的特征，因此，在学校里受教育的人才被称为"学生"，而不是"学熟"。其实，学生字面的含义就是其最本质

的含义,这种解释并非玩文字游戏,而是有助于揭示学生的本质含义,引导教师认识到学生的这一本质特征,对客观地认识学生以及顺利实施教育教学工作具有重要意义。

学生是学习陌生东西的人,没有人能保证学习陌生东西不会出现错误或问题,因此,出现错误或问题就是学生的必然表现。如果教师认识到这一点,就不会为学生出现错误而烦恼,就不会为学生发展中出现问题而急躁。认清学生的本质,教师就会理智地、心平气和地引导学生纠正错误和解决问题。同时,这也正是教师的责任所在。试想,如果学生们无论学什么都没有任何错误或问题,那么学校和教师有何存在的价值呢?

比如,某地教育主管部门以学生作业本的错题数量来评价教师,认为学生的错题越多,教师的教学质量越不好。于是这种教师管理与评价方法导致一些学校让学生把错题订正后,把作业抄在一个新的作业本上供上级检查,但是学生是否能真正学会或掌握,却无从知晓。这种管理方式过于片面,缺乏科学依据。学生作业本的错题数量反映的是学生的学习特征,但并不一定反映教师的教学效果。正确的评价方式是根据教师的课堂教学实施过程来评价教师,学校管理者应成为听课与评课的专家。[①]

(2)什么是学生观

教师的核心工作是教学与学生管理。教师的教育理念和思维的核心在于教师拥有什么样的学生观。学生观就像教师头脑中的一幅学生画像,在每位教师的心灵深处都有一幅关于"学生是什么样的人"的学

---

① 关于听课与评课,本书第二章"促进教师专业发展是校长的职责"对此有较为充分的论述.

生画像，它就是由教师的学生观描绘而成的，它详细记录着教师心目中所理解的"学生"的内涵，并指引着教师如何对待学生、如何教育学生。

教师的学生观是由教师对学生的认识和信念所汇集而成的，它可能是正确的，也可能是错误的。教师的学生观总是有意或无意地调控着自己对待学生的态度、情感以及行为。进而，教师会为了证实自己所描绘的学生画像而不断地寻找证据，并按照它处理学生问题。比如，一个认为"学生不可以有错误"的教师就不会接纳学生的错误，而可能会指责学生，而一个认为"出错是学生的本质特征"的教师，就会宽容学生的错误，而可能会积极引导学生改正。

在实际教育教学中，面对学生发展过程中可能出现的各种各样的错误或问题，有些教师由于对学生的"画像"存在偏差，以致对学生的心理特点及发展规律缺乏科学的认识和理解，存在感性多于理性、主观大于客观的表现，比如，学生的心理发展问题经常与品德发展问题混淆在一起。又如，关于学生的"厌学"问题，有的教师认为这样的学生就是"差生"；关于学生的"交往退缩"问题，有的教师认为这是学生"自私"的表现；关于学生的"攻击行为"问题，有的教师把它视其为道德品质问题等。这些都存在着对学生认识的偏差问题。这导致有些教师常常仅凭学生的学习成绩这一维度或凭自己的感性经验来判断学生的学业发展是否良好，而忽视学生发展（尤其是心理发展）的真实内涵和评价标准。

当前，"为了每一位学生发展"已经成为学校教育的宗旨和核心理念，促进每一位学生发展也是每一位教师的职责，因此，教师需要树立科学合理的、符合时代发展的学生观，把每一位学生视为发展的人、有个性的人和系统环境中成长的人。

(3)引导教师树立科学的学生观

教师树立科学合理的学生观是解决好学生问题、促进其良好发展的认识基础。教师只有正确认识学生，才能够正确对待学生发展的错误或问题，才能够促进和帮助学生获得发展。近年来，在不断深化的教育改革中，一些学者对教师应该持何种学生观这一问题，从不同视角出发提出了很多有价值的观点，综合来看，科学合理的学生观主要包括以下三方面内涵。

第一，学生是发展的人：用发展的眼光看待学生。

在教育学生的过程中，教师的学生观往往发挥着重要作用，教师如何看待学生，教师把学生视为什么样的人，这对教师引导学生是否能够取得实效具有重要意义。

试想学生在教师面对出现错误或问题之前，教师已经对学生形成了某种看法和认识，这些看法和认识将指引着教师以相应的教育方式对待学生。比如，面对学生"糟糕"的考试成绩，下面两种不同的观念，哪一种观念将有助于教师解决学生的问题呢？

> 观念一："这是一个考不好的学生。"
> 观念二："这个学生这次考试没有考好。"

显然，"观念一"在评价学生个人，对人不对事，而"观念二"在评价学生的事情，对事不对人。

观念一"这是一个考不好的学生"，用僵化、静止的眼光来看待学生，以学生一次考试的结果来概括学生全部的思维方式，是一种以偏概全的、给学生"贴标签"式的认识判断。在这种消极评价的"标签"作用下，学生的发展空间和机会就可能无形中被剥夺了。

观念二"这个学生这次考试没有考好",是就事论事地看待学生的问题。这种学生观就是用发展的眼光来看待学生,视学生为发展的人。学生的这次考试没有考好,并不等于下一次考试也考不好,学生这学期考试考不好,也并不等于下学期考试考不好。一次考试并不意味着这是"一个考不好的学生"。这其中蕴含着教师对学生发展的期待和希望,教师以发展的眼光来看待学生,将更有助于教师在引导和帮助学生发展过程中取得积极的效果。

不同的教育教学观念将导致教师采取不同的教育行为和方式,从而引导学生走向不同的发展方向。在教育教学实践中,教师以发展的眼光或静止的眼光看待学生的情况有着各种表现,如表5-4所示。

表 5-4　发展的与静止的眼光看待学生

发展的眼光看待学生	静止的眼光看待学生
"这个学生的事情做错了"	"这是一个做错事情的学生"
"只要努力,每个学生都有发展前途"	"这个学生没有发展前途"
"只要努力,就有可能成功"	"这个学生注定失败"
"每个学生都是有学习潜能的"	"这个学生的学习能力到头了"
……	……

当然,教师以发展的眼光看待学生,并不仅仅在于教师口头上的语言表达,而更应该是教师内在或深层观念的体现。如果教师表里不一或言行不一致,在内心深处已经把学生看"扁"了,即使口头上表现得再如何用发展的眼光评价学生也无济于事,因为在教育学生的过程中,真正发挥作用的是教师内在的、真实的教育教学观念或信念。

一个人的深层观念或信念会对人的行为真正产生调控作用。教师内心的观念会在不知不觉中有形无形地作用于学生。长远看来,对学生真正发挥着教育作用的是教师的深层观念。教师的教育教学行为对学生发展真正发挥作用的也正是教师的深层观念或信念。因此，教师以发展的眼光看待学生，需要教师在深层观念上对此真正有所认同和理解。

就学生心理发展而言，教师以发展的眼光看待学生显得尤为重要。教师要认识到学生是处于发展过程中的人，学生的本质特征之一就是不成熟。这意味着每个学生在发展过程中都可能出现这样或那样的错误和问题，正因为如此，学生才需要教师的教育引导。学校教育的目的就在于教师通过符合学生发展规律的方式，帮助学生从错误和问题中逐渐成长起来。因此，在教学与学生管理过程中，教师要了解学生的发展规律和特点，特别要充分认识学生心理发展的一般规律，熟悉不同年龄阶段学生心理发展的特点，并在此基础上开展教育教学活动，以接纳的心态对待和处理学生发展中出现的问题。

简单地讲，教师要深刻认识到，学生今天的错误并不意味着明天的错误，学生现在的问题也并不意味着将来一定会出现问题。教师要相信每一位学生都蕴藏着巨大的发展潜能，每一位学生都有发展的可能性，每一位学生都是可以受教育的，是有培养前途的，是可能获得成功的。教师只有把学生视为发展的人，才能正确对待学生的发展问题，从而引导学生获得有效发展。

第二，学生是有个性的人：用独特的眼光看待学生。

目前学校教育中经常有忽视学生个性特点的情况，"一刀切"式地教育学生的做法仍然存在，这不仅不利于学生培养，也不利于学校发展。

教师要认识到，每一位学生都有其个性和差异性，每一位学生都有着自身的、与众不同的特点。比如，有的学生善于交往，有的学生喜欢独处；有的学生兴趣广泛，而有的学生喜欢在一个领域钻研深究。这对学校教育教学提出了新的要求和期待，它强调学生是有个性的人，强调教师不能以"一刀切"的方式来管理学生。因此，教师要用独特的眼光看待每一位学生，尊重其个性和差异性，尊重其独立人格。

一方面，教师要尊重学生的个性。这意味着教师要认识到，每个学生的社会与家庭环境和生活经历不同，所形成的"心理世界"也各不相同、各有特色。可以说，每个学生都具有其发展的特殊性，他们有不同的兴趣爱好、不同的情绪情感表现、不同水平和类型的能力特长、不同内容的志向和抱负、不同的事物选择倾向和价值判断标准等，不同的学生要区别对待，尊重学生个性，因材施教。

另一方面，教师要尊重学生的独立性。这意味着教师视学生为学习的主体，学生是有特定责任和权益的主体。教师要根据学生的心理发展规律和特点来培养学生，而不能把自己的教育意愿强加于学生。如果教师把学生作为被动隶属的个体，只会挫伤学生的主动性和积极性，抑制学生的思维发展，甚至酿成学生的发展问题。只有在尊重学生独立性的基础上，学生才能有效地接受教师所教的知识。

在学校教育实践中，有的教师往往重视那些聪明灵活的、学习成绩好的学生，而忽视甚至冷落那些智力发育迟缓的、被同学孤立的、有过错的、有缺点或缺陷的、与教师意见不一致的学生，甚至是与教师对抗的学生，然而这些学生也是受教育的对象，教师同样需要尊重他们的个性。即使有些学生的个性特征不符合教育的要求，教师的责任也正在于对此加以教育引导。教师要尊重学生的个性，强调的就是因材施教的教育理念，它需要教师平等对待智力和能力不同、学习成绩不同、性格特点不同以及家庭背景不同的学生等。

此外，有必要明确的一个问题是，个性化地教育学生与公平公正地对待学生并不矛盾。公平公正并不意味着教育管理要"一刀切"，个性化地教育学生也并不意味着教育可以不讲原则，可以有所偏颇。学生各有特色，各有所长，其实"一刀切"反而意味着教育管理的不公正、不公平。根据学生的个性来教育学生，才是教育公平公正的体现。比如，学校对不同学业水平的学生予以不同程度或方式的奖励，对不同能力表现的学生采取不同的激励措施，这就是个性化的教育管理。

那么，这里顺便讨论一下与学生发展有关的"偏科"问题，学生是否可以"偏科"呢？我们上面所述的观点倾向于支持学生是可以"偏科"的，"偏科"并不是问题的关键，关键在于要区分清楚"偏科"是由学生的发展特点引起的，还是由教育不当或功利倾向所导致的。客观来看，每一个学生的学业发展都很难面面俱到，的确存在有些学生更适合学习某些学科，而更不适合学习另一些学科的情况，或者说，存在有些学生更喜欢某些学科，而不喜欢另外一些学科的情况。对此，我们不能称之为"偏"，而要尊重其中体现的学生个性发展特点。

学生是有个性的人，教师要用独特的眼光看待学生，这是教师对待学生的基本态度和认识，它是教育学生的基础，也是认清学生的心理发展特点及发展问题的认识基础，对促进学生身心健康发展具有重要意义。

第三，学生是系统的人：用系统的眼光看待学生。

每一位学生的心理特点都是系统因素作用的结果，与其先天遗传和后天环境有密切相关。每一位学生从出生的第一天开始就时刻接受着各种环境的作用,其心理发展特点是社会、家庭、学校及自身等因素综合作用的结果。

每一位学生都不是一个简单的、孤立的个体,都有家人、朋友、邻里,都有不同的幼年、童年生活经历和体验。因此,教师在教育学生的过程中,就要用系统的眼光看待学生,看到学生所处的不同环境,尤其要关注与学生成长关系密切的家人,这对获得良好的学校教育效果有着重要意义。

因此,当学生表现出一些发展问题或错误时,教师应避免简单地仅从学生的问题本身找原因,也应该关注到学生问题背后往往可能隐含着许多综合的影响因素,从而系统地认识学生问题的原因。

比如,有个初三学生上课时不遵守课堂纪律,公然与教师对抗,表现得有些不尊重教师,这让教师感到有些莫名其妙。教师需要意识到这可能隐含着一些其他层面的心理原因,或许这个学生今天生病了,或许他与同学发生矛盾了,或许他讨厌教师的讲课方式,或许他的家庭教育存在问题,或许就是出于自我表现或逆反心理等。教师需要弄明白真正的原因,学生为什么要"对抗"教师?学生问题的背后是否隐藏着一些未知因素?对于这样处于青春期阶段的学生,是不是一些特殊原因,使得这个学生降低了自我调控?因此,教师要全面地考查学生问题的系统原因,只有这样才能找到解决问题的关键所在。

系统地看待人,对促进人的发展具有积极作用。自20世纪90年代美国开始实施的After School Program(放学后计划)就是一种以系统眼光看待员工,并基于此来促进企业或组织发展的一次积极有效的尝试。这种系统观对教师教育学生以及校长管理教师也许会有一些积极启示。

拓展资料：

"放学后计划"(After School Program)[①]

After School Program 是美国 20 世纪 90 年代开始实施的一项教育发展策略（本书形象地将其翻译为"放学后计划"）。这项计划是美国教育部和财政部以及美国企业共同实施的一个计划，针对由于工作或相关原因经常不能照看或者不能有规律地照看自己孩子的企业员工而制订的。这项计划旨在为放学后缺乏照料或缺少教育活动的青少年学生提供教育支持，为学生提供更广泛的、有益的活动安排。

在越来越多的家庭中，父母都要去工作，"放学后计划"为他们的学龄孩子在放学以后的时间里提供了更安全、更有组织的学习机会，并且提供帮助孩子学习新技能的活动机会，帮助孩子们学习积极的方式，避免和解决行为问题与冲突，从而使孩子更好地成长。"放学后计划"涉及的活动包括技术、阅读、数学、科学和艺术等领域，它向孩子们提供了服务社区或实习的崭新的经验。这使得父母更安心、更努力地工作，从而为企业和社会创造更大的财富。

自从"放学后计划"实施以来，美国社会已经获得了极大的利益，美国政策制订者通过这项计划看到了解决大量社会和教育问题的机会。美国许多城市正在制订新的针对放学后时间的策略，并且美国有大量组织正在进行研究来支持这项计划。

放学后的时间对青少年学生来讲是非常重要的，通过"放学后计划"，青少年可以利用这些时间获得更好地学习与成长。有研究发现，放学后的时间段是青少年犯罪和危险行为的高发时段，许多专家赞同

[①] 摘译自：http://www.safeyouth.org/scripts/facts/afterschool.asp.

"放学后计划",因为它为青少年学生提供了一些健康的、积极的选择,它使更多青少年儿童变得更安全、更努力完成他们的学业,同时,"放学后计划"也帮助减少了工薪父母在自己工作加班时间难以照料自己孩子的压力。

研究表明,"放学后计划"对小学生和中学生都是非常有益的,其中初中和高中学生更是受益者,"放学后计划"使他们对未来发展有更高的期望和追求。许多政府机构和非营利组织已经把"放学后计划"作为一项青少年儿童的有价值的资源。

从以上学生观的三方面内涵来看,能够做到以发展的、独特的、系统的眼光看待学生,这对教师来讲是何等的不易,但是它对学生发展又是何等的重要。反过来思考,如果学校教师不具备科学合理的学生观,就难以发展地、独特地、系统地看待学生,那么,学生如何能够获得良好发展呢?

总之,校长要引导教师关注学生的发展,尤其关注学生的心理发展和学业发展,树立科学合理的学生观,充分认识学生的发展规律及可能产生的问题。校长要通过积极的指导和帮助,有效地改进教师的教育教学理念,进而促进学生获得良好发展。

本章思考题

1. 教师的专业素质的内涵是什么?当前教师专业素质的现状如何?
2. 教师的教育教学理念、专业知识主要包括哪些内容?
3. 在学校管理实践中,校长如何提升教师的专业素质?

第六章 教师专业发展的理论与方法

《义务教育学校校长专业标准》明确指出,"校长要掌握教师专业发展理论与知识,指导教师开展教育教学实践与研究"。在学校管理中,为了引导教师获得良好的专业发展,校长有必要掌握有关教师专业发展的基本理论与知识,将其与学校管理和教师发展实际相结合,避免仅凭主观经验开展管理工作,使教师专业发展的管理工作更富有理论依据,从而为有效管理奠定基础。

一、案例及问题:教师是专业人士吗?

在一所学校调研时,我无意中看到一位家长与一位教师争论关于如何教育孩子的问题。这位教师应该是这位家长的孩子所在班级的班主任老师。家长可能不赞同教师对待学生的方式,就与教师争论起来。

我看到家长与教师的争论越来越激烈,不过双方都很理性,也都很有耐心,摆出各种证据来"捍卫"自己的观点。我明显感到家长有点儿袒护自己的孩子,话语间总是回避孩子的问题,但是教师在争论中却渐渐处于"弱势",因为家长不断以一些经典的教育理论和案例来反驳教师的观点。当家长讲到皮亚杰的"儿童道德发展理论",讲到维果茨基的"最近发展区理论"时,我发现教师有些不知怎么应对,有时甚至无奈地说不出话来。不了解情况的人看到两人的争论,可能会误以为这位家长才是教师,是学校教育的专家。

　　事后,我好奇地问这位教师:"这位家长是做什么的?是不是做儿童教育研究的?"教师告诉我,这位家长是个全职妈妈,很关心孩子的教育,整天看各种教育书籍,但是对一些教育理论的理解又不到位,总是喜欢与教师们"抬杠"。教师称这位家长为"难缠"的家长。

　　关于争论的问题到底孰是孰非,无从追究,这里不做讨论。即使这位家长对关于儿童教育的一些理论的理解有所偏差,但是,我想,如果教师作为专业人士,对儿童发展和儿童教育理论有深入的认识与理解,那么就不难应对这样"难缠"的家长。

　　因此,在我与这所学校的教师们集体座谈时,我建议教师们学习那位家长的"学习精神",结合自身的教学实践,多读一些教育书籍和研究文献,钻研一些教育教学理论,努力让自己成为专业人士,甚至努力成为教育教学的专家,那么一定能从容应对家长的一些偏颇观点。如果教师发现家长的认识是合理的,教师成为专业人士,也有助于教师接受家长的观点,与家长达成教育共识。

　　针对教师作为专业人士的专业地位问题,我在另一所学校,与一些骨干教师们座谈时,与教师们讨论这个问题:"教师工作是一种专业性很强的工作吗?教师是专业人士吗?"教师们肯定地回答:"当然是!"

　　于是,我与教师们探讨专业的特征,一个专业之所以能称其为专业的关键特征之一就在于它有"不可替代性"。我给教师们假设了一种情境:"假设一所学校有50位老师,学校旁边有个医院,有50位医生，如果学校的50位老师与医院的50位医生对换，那么，你们觉得这个医院还能办下去吗？"

一些老师笑着回答："医院肯定办不下去。"

我追问："那么，你们觉得50位医生来到学校当老师，这个学校还能办下去吗？"

教师们议论纷纷，有的回答："不好说。"

有一位老师打趣地说："弄不好，学校办得比以前还好！"老师们都笑了。

于是，我提出自己的观点："这就是教师的专业地位受到质疑的原因。如果教师的专业工作不能够轻易地被其他专业人士替换，那么教师就真正具有了专业人士的'不可替代性'。"

这时，有一位教师提出不同看法："医生的专业工作不容易被替换，但是现在医生的专业地位也经常被质疑，又怎么解释呢？"

我解释道："我认为医生被质疑的大多不是医术问题，而是医患沟通和人文关怀问题，这与对教师的质疑不同，教师被质疑往往不仅有师生沟通和人文关怀问题，而且还有专业领域的'技术'问题。事实上，与其他许多专业相比较，教师作为教育人、培养人的专业人士，其专业的复杂性和难度更大，因此，社会各界对教师的专业发展要求更高。"

二、分析与讨论：教师专业发展的内涵

(一)教师专业的特征

当前，教育领域不断呼吁教师的专业化，教师是否为专业人士的问题经常受到关注，但是，教师的专业地位经常受到社会各界人士的

质疑。其中原因很多，从教师自身来看，一个重要原因在于许多教师自身的专业性不强，专业化程度不高。

一种工作或职业之所以能称其为专业，主要因为它通常具有三个重要特征：

· 独特性：一个专业要有被社会广泛认可或赞同的、系统的、独特的理论体系。

· 有效性：一个专业要为人的发展和社会进步带来显著的效益。

· 不可替代性：一个专业具有权威地位、专业伦理及专业文化，这不是其他专业可以轻易替代的。

教师作为专业人士，其专业也应具有以上三个主要特征，教师专业工作的有效性、独特性和不可替代性是判断教师专业发展水平的重要标准。

1. 教师专业的有效性

教师职业要称其为专业，就必须体现出该职业所应有的效率和成果，切实发挥出教师职业促进人的发展和社会进步的作用。换句话说，教师的职责在于育人，教师是否能有效地实现教育教学目的，在学校教育层面上引导学生成长为社会所需的人才，取得良好的教育效果，这是衡量教师专业化的重要指标。

然而，教师专业与其他许多专业有着显著不同的特点，它的有效性很难体现于当时当下。教师专业的有效性具有长效性、间接性和滞后性，它不仅体现于学生在学校学习期间的学习成果和行为改善，更体现于学生将来进入社会相关领域的有效表现。这就需要校长、学校上级主管部门甚至国家教育管理者要具备战略眼光，能看到教师专业工作对学生个体发展乃至于社会发展的深远意义。简单地说，就是要看到教师专业工作成效的长效性、间接性和滞后性，不能仅仅关注学生当前的学业成绩，不能以学生的考试分数作为评价教师的主要标准，而要更多关注学生综合素质的培养及其对社会发展的作用。这需要学校管理者对教师专业价值及教育功能予以深刻认识。

2. 教师专业的独特性

与其他专业相比较，教师专业的独特性体现在它与其他专业有着本质区别的特征，这种不同的特征是教师专业所特定的、固有的。教师专业是一项具有复杂性、创造性和示范性的职业。一方面，相对于其他很多专业而言，教师的专业发展水平体现在教师"育人"这一专业活动的独特性上，这也是教师职业备受关注的一个重要原因；另一方面，相对于教师同行而言，不同学科领域和职责的教师专业活动也具有各不相同的独特表现。每位教师面对的教育教学情境和问题不可能一致，因此，每位教师的教育理念、教育方式、教学内容、教学方法等都会体现出教师自身的特点或个性。

3. 教师专业的不可替代性

教师的专业发展水平还体现在教师职业的不可替代性上。从专业的社会功能来看，教师专业作为社会发展的重要支柱之一，对于人的进步和社会发展具有不可替代的作用。教师职业与其他一些职业（如医生、律师等）相比，教师的专业化地位仍受到质疑，教师这一职业常常被视为半职业或不确定职业，教师似乎成为人人都可以替代的职业。[1] 因此，当务之急在于提高教师的专业素质，完善教师的素质结构，这决定着教师专业的不可替代性。同时，提高教师的准入门槛，

---

[1] 申继亮，王凯荣，李琼. 教师职业及其发展[J]. 中小学教师培训，2000(3): 4-7.

完善教师资格认证；提高教师的薪酬待遇，完善教师的社会保障；提高教师的工作动力，完善教师的评价体系等。这些都将有助于实现教师专业的不可替代性。

整体来看，教师专业工作的有效性、独特性和不可替代性越强，那么教师的专业发展水平就越高，教师职业的专业化程度也就越高。

(二)教师专业发展的心理结构

从教师心理发展的视角，教师专业发展主要由四项内容构成：教师的职业承诺、教师的教育教学理念、教师的专业知识和教师的教学反思，如图 6-1 所示。

- 职业承诺：教师专业发展的基本前提。
- 专业知识：教师专业发展的必要内容。
- 教育教学理念：教师专业发展的核心内涵。
- 教学反思：教师专业发展的重要环节。

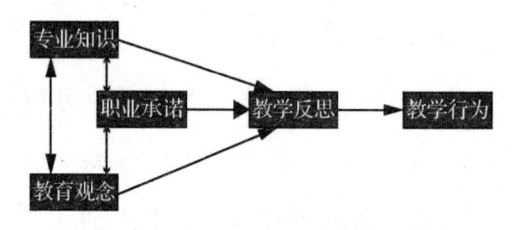

图 6-1 教师专业发展的心理结构

1. 职业承诺：教师专业发展的基本前提

教师的职业承诺是基于教师对自身职业的认识与情感依恋，对自身职业的投入程度和对教师职责的内化程度而形成的忠于职守的态度。从结构上来看，教师职业承诺包括情感承诺、继续承诺和规范承诺三种成分。情感承诺反映出教师从事教师职业的强烈愿望和喜爱程度，继续承诺反映出教师从事教师职业的一种义务感，而规范承诺是指教师对离开自身职业的代价的认知。

以往研究发现，教师职业承诺对教师离职意向具有负向预测性，与教师工作满意度之间存在显著正相关，具体表现在教师的职业承诺越好，他们对自我发展、工作量和经济等方面满意感就越强，工作积极性也越高。可见，良好的教师职业承诺对教师个体专业发展具有促进作用，它是教师获得专业发展的内在心理前提。

目前，我国教师的待遇和社会地位整体相对较低，在一些教育领域，教师职业还没有达到吸引人的程度，这是导致教师职业承诺较低的一个直接原因。同时，我国大力发展的市场经济对社会人力资源（包括教师人力资源）配置方面具有调节作用，这也成为许多教师职业承诺较低的社会背景。

2. 专业知识：教师专业发展的必要内容[①]

教师的专业知识结构是教师顺利从事自身职业，实现专业的有效性、独特性和不可替代性的必要内容。教师的专业知识结构主要由四方面构成：①本体性知识，即教师所具有的特定的学科知识；②条件性知识，即教师所具有的教育学与心理学知识，它是教师关于"如何教"的知识；③实践性知识，即教师如何灵活有效地进行教育教学实践所应具备的知识，它是教师教育教学经验的积累；④文化知识，即教师具备的广泛性、综合性的知识。

当前教师的专业知识体系中，本体性知识（学科知识）的掌握较为理想，但条件性知识和实践性知识的掌握并不理想，亟待改善。

---

① 关于教师专业知识，本书第五章"教师的专业素质及其培养"对此有较为充分的论述。

3. 教育教学理念：教师专业发展的核心内涵①

理念是行为的先导，教师的教育教学理念对其教育教学行为具有指导作用。教师的教育教学理念主要体现在三个方面：学生观、教学观、教师观。教师的核心工作是教学及学生管理，教师的教育对象是学生，教师的学生观是其教育教学理念的核心。

学校现实中，一些教师能在认识表层对教育教学理念有科学合理的理解，但是由于各种原因，在内心里并不接受。当问及教师，如何看待"学生""教学"和"教师"时，许多教师的认识都符合当前教育改革所提倡的理念，但是，一些教师的实际教育教学行为却与这些理念有所偏差，甚至背道而驰，这是因为教师的深层观念或隐性观念与其表层观念存在差异。然而，对教师的教育教学行为真正起作用的是深层观念，因此，正确引导都是从内心深处接受教育教学的先进理念，是教师专业发展的关键。

4. 教学反思：教师专业发展的重要环节

教学反思是指教师为了实现有效教学，在其反省思维的支持下，对已经发生或正在发生的教学活动以及这些教学活动背后的理论、假设、结果等，进行持续、周密、深入、自我调节性的思考，在思考过程中，能够清晰发现和表征所遇到的教学问题，并积极寻求多种方法来解决问题的过程。教学反思对提升教师的教学水平，完善教师专业发展具有重要意义。

从认知的角度来看，教学反思作为一种高级思维形式，是教师教学认知活动的重要组成部分，贯穿于教学活动的始终。从元认知的角

---

① 关于教师的教育教学理念，本书第五章"教师的专业素质及其培养"对此有较为充分的论述。

度来看，教学反思是教师对自身教学认知过程的监控和调节。教师进行教学反思必须有动力系统的支持，即教师必须具有反思精神或反思倾向以及外部环境的支持。教师的教学反思是一个能动的、审慎的认知加工过程，也是一个与认知和情感密切相关并相互作用的过程，在此过程中，不仅有智力加工，而且需要有情感、态度等动力系统的支持。

教学反思是教师作为专业人士自主为之的活动，但是，当前一些教师的教学反思缺乏自主性，一些校长忽视调动教师进行教学反思的内在动力，而简单地要求或强制教师进行教学反思，比如，检查教师的教学反思报告（反思日记或周记），检查教师的课后反思笔记等，这使得本应教师主动进行的教学反思变成了"被教学反思"，教学反思却成为教师消极被动而为的事情。这严重阻碍了教师的专业发展，作为学校管理者，正确引导教师进行有效的教学反思是教师专业发展的重要环节。

三、管理与对策：校长要促进教师专业发展

目前，教师专业化越来越受到世界各国的重视，日益成为各国教师教育和师资队伍建设的趋势。教师专业化的基本含义是把教师职业视为专业，使教师成为专业人士。我国教育改革和教师教育发展提倡通过促进教师专业发展来提高教师素质，改善教师地位，进而促进学校教育发展，可见，教师专业发展意义重大。

（一）教师专业发展的历程

整体来看，教师专业发展经历了一个从非专业化到专业化，从群

体专业化到个体专业化,从个体被动专业化到个体主动专业化的过程。

1. 从非专业化到专业化

在进入工业文明之前,社会对教师的要求在数量和质量上都不高,也没有严格的教师职业规范。教师不被视为一种专门化的职业,教师仅仅是有"知识"的人,教师不需要通过专门的师资机构进行职前或职后的培养或培训,也没有进行专业化训练的师范教育或教师教育机构,教师发展呈现非专业化的特点。

随着社会发展,人们对教师职业的认识逐渐发生转变,开始将教师视为一种专门职业。教师接受专业化训练的需要日益提高,因此出现了培养、培训教师的专业教育——师范教育。师范教育是现代社会的产物,它的出现标志着教师专业化发展的开端。[①]

2. 从群体专业化到个体专业化

教师专业化发展最初表现为教师群体专业化的发展趋势,这种趋势有两种取向:一种是"专业主义"取向,即侧重通过制订严格的专业规范来提高教师的专业性;另一种是"工会主义"取向,即侧重通过谋求社会对教师专业地位的认可来获取教师的专业性。在谋求教师群体专业化的两种取向的竞争中,专业主义取向逐渐占据上风,它通过教师专业组织的内部自治、制订较高的入职资格许可、资格认定、任职和专业制裁标准等措施促进教师专业化发展。

然而制订严格的专业规范等"专业主义"的做法虽然有助于专业制度的建设,但是这些制度关注的是把不符合要求的教师"过滤"掉,并不能不断改进和提高每一位教师的专业化水平。因此,教师专业化逐

---

① 刘捷.专业化:挑战21世纪的教师[M].北京:教育科学出版社,2002.

渐从教师群体专业化向个体专业化发展转变，旨在使每一位教师都具备应有的专业素质。

3. 从个体被动专业化到个体主动专业化

教师个体专业化发展也经历了一个由强调教师个体被动专业化向强调教师个体主动专业化转变的过程。

教师个体的被动专业化表现为教师往往把教学工作仅仅作为一种谋生的手段，符合社会的评价成为教师工作的主要动力。教师为了获得社会认同，往往被动地实践着外界所制订的专业标准和要求。教师成为用别人设计好的课程及其目标来传授知识的中介者，因此，教师专业化程度取决于其专业领域的知识与技术的掌握程度，而这些知识和技术往往是教师被动获得的。

20世纪80年代以前，教师被动专业化发展的具体措施是"临床"指导（clinical supervision）和教师评价（teacher evaluation），到20世纪90年代初期，教师评价更受重视。但是这些指导与评价并不关注教师的内在心理过程，也没有基于教师的专业发展内涵，因此，对提高教师素质和促进教师发展的效果不佳。为了促使人们对教师专业发展进行更为深入的探讨，提出了"教师自我引导发展""合作或联合发展""以变革为定向的教师培训""教师角色拓展"等教师个体主动专业化发展的新方式。

教师个体主动专业化强调教师在其专业发展过程中的主动地位和作用，强调教师发展的关键在于实践性知识的不断丰富和积累，教师的专业发展要依靠其积极的问题意识和良好的问题解决能力等。从根本上讲，教师个体主动专业化符合我国当前教育改革对教师发展的需求。

(二)教师专业发展阶段理论

校长要了解教师专业发展阶段理论,教师专业发展具有阶段性特点,他们在不同的发展阶段表现出不同的专业发展特征。关于教师专业发展阶段理论有很多,以下主要介绍几种值得借鉴的观点,其中重点介绍关于"新手－熟手－专家"教师发展阶段的观点。

1. 伯林纳(Berliner)的五阶段发展观[①]

在教师专业发展阶段理论中,比较典型的是美国亚利桑那州立大学的伯林纳(Berliner,1988)提出的教师成长五阶段发展观,即教师教育专长的发展过程包括五个阶段。

(1)新手阶段

这一阶段是新手教师获取教学所需知识和技能的阶段。新手教师的教学行为是比较刻板的、不灵活的,往往遵从课本上的规律或专家教师传授的经验。在这一阶段,亲身的实践体验比通过"言传"获得的信息更重要。

(2)进步的新手阶段

这一阶段教师的教学经验不断丰富,并且能够将自己的经验与所学的知识逐渐联系起来,但仍不懂得哪些教学环节是重要的。

(3)胜任阶段

教师能按个人想法自主地设计教学活动,并依据教学计划对所选择的教学信息做出分析和判断。但其教学行为仍缺乏将教学内容融会

[①] Berliner, D. C. Facets of Pedagogical Expertise: Developing our Understanding of Ignorance and Expertise Pedagogy[J]. Paper Presented at the Annual Meeting of the American Association of Colleges for Teacher Education, New Orleans, La. 1988.

贯通的灵活性和流畅性。

(4)能手阶段

这一阶段教师已积累了大量、丰富的教学经验,具有较强的直觉判断能力,教学技能方面接近了认知自动化水平。但教学决策时,仍带有主观随意性,缺乏系统整体性。

(5)专家阶段

专家型教师对教学情境或问题的观察与判断是直觉性的,能做出非常迅速的分析和思考,凭借他们的教学经验便能准确地发现问题,并采取恰当的解决方法。专家型教师对教学情境中的问题的解决不仅达到了快捷性、流畅性和灵活性的程度,而且达到了自动化的水平,即在通常情况下,不需要有意识的努力就可以处理遇到的各种教学问题。当教学问题的结果与预期不一致时,他们会对问题进行自主反思和分析。

2. 富勒(Fuller)的教师关注阶段理论[①]

有关教师发展阶段的研究,大都植根于美国学者费朗斯·富勒(Fuller,1969)的研究。富勒主要依据教师发展所关注的重点来划分教师生涯阶段,认为在成为专业教师的过程中,教师所关注的事物是依据一定的次序更迭的,并呈现出教学前关注、早期生存关注、教学情境关注、关注学生等阶段。

(1)教学前关注阶段

此阶段是职前培养时期。职前教师们仍扮演着学生角色,对教师角色仅处于想象状态,因为未曾经历教学,所以没有教学经验,只关

---

① 杨秀玉. 教师发展阶段论综述[J]. 外国教育研究,1996(6):36-41.

注自身状态。不仅如此，对于任教的教师还抱着观察、评判的态度。

(2)早期生存关注阶段

此阶段是接触实际教学的初步或实习阶段。在此阶段，教师们所关注的是自己的生存状态，即能否在这个新环境中生存下来。因此，教师们关注的是班级的经营管理、对教学内容的精通熟练、上级的视察评价以及学生与同事的认可和接纳等。教师在此阶段表现出明显的焦虑与紧张，所以这一时期的压力是相当大的。

(3)教学情境关注阶段

在此阶段，教师固然要关心前一阶段的种种问题，但同时也会关注教学上的种种需要或限制以及挫折。因为此阶段会对教师的教学能力与技巧提出要求，所以教师较多关注教学所需的知识、能力与技巧，并尽其所能地将其所学运用于教学情境之中，教师在此阶段关注的是自己的教学表现。

(4)关注学生阶段

虽然许多教师在实习教育阶段就能表达出对学生的学习、品德乃至情绪需求的关注，但是却并不能真正地适应或满足学生的需要，往往要等到自己能适应教学的角色压力和负荷之后，才能真正地关怀学生。

通过对教师关注阶段的研究，富勒指出："个人成为教师的这一历程是经由关注自身、关注教学任务，最后才关注到学生的学习以及自身对学生的影响这样的发展阶段而逐渐递进的。"富勒的研究没有囊括教师发展的方方面面，而是从教师所关注的事物在教师不同发展阶段的更迭这一个侧面来探讨教师的发展。事实上，这也确实从一个侧面反映了教师发展过程中所呈现的规律，即在不同发展阶段，关注点有所迁移与变化。可以说，富勒的开拓性研究为教师发展理论的探讨做出了巨大贡献。

3."新手—熟手—专家"教师专业发展阶段理论①

我国学者连榕(2005)研究指出,从新手到专家经历了一个长期的发展过程,教师的教学专长发展也是一个长期的过程,许多研究证实了在这一过程中有一个熟练阶段。在由新手教师向专家教师的转化过程中,有一个重要的阶段,即熟手教师阶段,这是教师能按常规熟练地处理教学问题但教学创新水平不够的阶段。

一般而言,熟手教师是从新手教师发展而来,但不一定能发展成为专家型教师。实际上,许多教师的教学专长发展往往停滞在熟手教师这一阶段,并习惯于熟手教师角色,直至退休也未成为专家型教师,这可能是当前教师专业化水平不高的一个重要原因。因此,有必要将教师专长发展过程中最重要的阶段——熟手型教师,与新手和专家教师进行比较,了解他们之间的差异,这样才能更深入地研究教师的教学专长发展,为培养更多的专家型教师服务。

该研究发现,整体看来,在教学策略、成就目标、人格特征上,专家型教师均优于熟手型教师,而熟手型教师又优于新手型教师。在职业承诺和职业倦怠上,专家型教师均优于熟手型教师和新手型教师,而熟手型教师与新手型教师不存在显著差异。从具体维度上看,三种类型的教师既有显著的差异,又有共同点。

(1)新手、熟手、专家型教师的特征

①新手型教师的特征

新手型教师在教学策略上重视课前准备。与熟手型教师相比,新

---

① 连榕.新手-熟手-专家型教师心理特征的比较[J].心理学报,2004,36(1):44-52.

手型教师更重视课前的备课环节。成绩目标是新手型教师重要的工作动机,他们更多地以自我为中心,更为关注外界对其教学成功与否的评价。

②熟手型教师的特征

熟手型教师的课堂教学策略水平较高。与新手型教师相比,熟手型教师对课堂教学的调节和控制的水平更高,课堂中常规的教学操作程序已熟练掌握。任务目标已成为熟手型教师重要的工作动机。熟手型教师对教学的理解更深入,更加关注自身教学能力的提高和学生的学习效果。熟手型教师性格较随和,能更好地适应教学环境,更能关心和理解学生,对学生的管理更为民主。

③专家型教师的特征

专家型教师的教学策略以课前的计划、课后的评估和反思为核心。与熟手型教师相比,专家型教师善于通过对教学的计划、评估和反思来改进教学,从而产生教学创新,不断提高自己的教学水平。专家型教师能够更好地控制和调节自己的情绪,理智地处理教育教学中的各种问题,能自觉而实际地对教学进行评估和反思。专家型教师对教师职业的情感投入程度高,职业的义务感和责任感比较强。与新手和熟手型教师相比,专家型教师充满职业情感,能热情、平等地对待学生,师生关系融洽,对教学工作负责,不断追求教师事业深层次的价值所在,有强烈的职业成就感和个人价值感。

(2)新手、熟手、专家型教师的共同点

①新手—熟手型教师的共同点

·课前的计划、课后的评估和反思策略的水平较低。

·对教师职业的情感承诺和规范承诺水平不高,缺乏职业成就感。

- 在教学中控制和调节自己情绪的能力不强。
- 课堂师生互动不够，缺乏师生沟通。

②熟手—专家型教师的共同点

- 任务目标已经成为重要的工作动机，比较稳定。
- 都具有随和、关心他人、乐群、宽容的人格特点。

③新手—熟手—专家型教师的共同点

- 在课后的补救策略上不存在显著差异，说明课后的补课、辅导是当前较为普遍的现象。
- 都具有成绩目标导向，说明这不是影响教师成长的主要心理因素。
- 在性格的内、外向维度上不存在显著差异，外倾性均高于普通人，说明外倾性强是教师职业必备的人格特点。
- 在继续承诺维度上没有显著差异，且得分略低于职业承诺的情感承诺和规范承诺维度，说明当前教师中可能较为普遍地存在着是否继续从事教师职业的困惑。
- 在情绪耗竭维度上没有显著差异，且得分略高于职业倦怠其他维度，说明当前教师群体中可能较为普遍地存在着压力大、焦虑水平高、疲倦感和无助感较高等心理问题。

在针对教师培养方面，学校管理要根据"新手—熟手—专家"不同发展阶段教师的共同点和不同点，确立教师培训的目标，使教师培训真正起到促进教师专业发展的作用。

(3)关注促进新手教师成长为专家教师

①从"新手"到"熟手"的促进

课堂中基本教学技能(课中策略)的熟练掌握是新手型教师转化为

熟手型教师的关键因素，而教学任务目标导向成为教师重要的工作动机，教师良好的个性特点的形成是影响这种转变的重要心理因素。因此，在教师教育中，应帮助新手型教师将注意力集中于对教学内在价值的认识上，引导教师树立以学生发展为中心的教学观，充分发挥新手型教师重视课前准备策略的优势，使之与课中策略有效地结合起来，促使他们尽快地获得调节课堂教学行为的程序性知识。

②从"熟手"到"专家"的促进

高水平的课后评估和反思能力的获得是熟手型教师转化为专家型教师的关键因素，而影响这种转变最重要的心理因素是良好的个性特点的形成、对教师职业高水平的情感承诺和规范承诺、具有强烈的职业成就动机等。因此，在教师教育中，应重视提高熟手型教师遵从教育规律和学生需求，理智地调控自身教学情绪的能力，加深他们对教师职业的情感认同，使之不断获得成功的教学体验。这就要求学校管理改进单向传授的教师培训形式，注重教师职业角色的自我完善，引导熟手型教师努力走出专业发展的停滞期，获得专业发展的突破，从而造就更多的专家型教师。

因此，针对教师专业发展，学校管理应构建两段制的教师教育模式，促进教师从新手型走向专家型。

第一阶段：围绕着基本教学程序的熟练，构建从新手型教师到熟手型教师的教师教育初级模式，促使"新手"尽快成长为"熟手"。

第二阶段：围绕着教学评估和反思能力的获得，构建从熟手型教师到专家型教师的教师教育高级模式，培养更多的专家型教师。

4. 关于教师专业发展水平的观点

从个体发展来看，教师达到较高的专业化水平需要一个相当长时间的发展过程。在这个过程中,教师专业化受到内外因素的影响,表现出从依赖性到自主性,从机械地调控到自动化和直觉水平,从单一性到多元性等不同发展特征。结合 Fuller 和 Brown(1975)的教师专业发展三阶段理论和 Berliner(1988)的教师专业发展的五阶段理论,我们认为教师专业发展可以概括为由低到高的四种水平。

(1)专业认同者

这一发展水平的教师能够在观念上认同或接纳教师职业的专业地位和作用,但他们对教师职业的经验不足或体验不深,表现为从事教学专业的活动或行为比较单一、刻板、不灵活,尚未适应教师专业活动和教学情境,往往需要依靠他人的指导和帮助。

(2)专业适应者

这一水平的教师职业活动开始从单一性和刻板性向多元性和相对性转变,教师对专业有了更深刻的认识。他们关注自身的专业行为及其发展状况,并获得一定的教育教学经验,也开始把实践与理论联系在一起,专业行为变得灵活起来,但还没有达到专业成熟水平。

(3)专业成熟者

教师具有完备的知识体系、能力和责任感,表现出较高的职业创造性,并拥有充分的专业自主性,具有积极的职业效能感和完善监控力,能自由、灵活地开展专业活动,并积极保持自身持续不断的发展进步。这一水平教师开始把学生作为关注的对象,努力帮助学生获得良好发展。

(4)专家

教师的专业行为流畅、灵活,不需要刻意加工,能直觉地从错综复杂的事件中发现事物的联系,并对专业活动的发展做出判断和预测。教师专业化达到专家水平的最集中体现在于教师成为专业活动的研究者,教师具有自觉研究的意识,善于在教育实践中发现问题,并进行理论分析概括,通过系统的研究方法进行教育科学研究。

(三)校长要促进教师专业发展

1. 校长要掌握教师专业发展的理论与知识

教师专业发展指的是所有旨在形成教师所需的专业知识、技能及其他教师专业品质的活动过程。校长要认识到教师是专业发展的主体,教师专业发展要突出教师主体的自主性,没有教师的主动参与和自主发展,就没有教师的专业发展;校长要认识到教师专业发展是一个多向度的发展过程,教师专业发展要经历不同的发展阶段,具有阶段性特征,每个阶段都有不同的专业发展特点和需求;校长还要认识到教师专业发展过程是一个连续的、需要通过不断学习与探究而逐渐成为成熟专业人员的过程。

针对教师专业发展的相关理论与知识,校长除了要掌握教师专业发展的阶段理论,还要了解教师专业发展的相关内容和知识。教师专业发展的内容包括彼此联系、相互作用的三个子系统,即教育专业知识、教育专业能力和教育专业精神。[1]

(1)充实教师的教育专业知识

教师专业知识是指教师在教育教学过程中,进行有效教学所必备的知识、技能等的总称。主要包括"教什么"的知识和"如何教"的知识。

---

[1] 任学印,高玉峰. 校长与教师专业发展[M]. 石家庄:河北大学出版社,2012:10-17.

"教什么"的知识是关于教学内容的知识,包括:

- 学科知识,如学科基础知识、知识的背景、知识获取的方法、知识的新发展等。
- 课程知识,即"学科知识"如何体现在中小学课程中的知识,以及国家、地方所设置的学科课程的课程理念、课程目标、课程设计思路、课程内容标准等。
- 综合知识,即某一学科的系统知识之外的跨学科知识。
- 教师的个人经验,这也是教育过程中不可或缺的"载体"和"教育内容"。

"如何教"的知识是指关于教学方法的知识,包括:

- 关于教学的原理性知识,如教育学、教育科研方法、儿童发展心理学、教育心理学、课程论、教学论等一般原理。
- 关于教学的实践性知识,即教师将原理性知识运用于具体教育情境的知识。包括行业知识、情境知识、案例知识、策略知识、学习者的知识、自我的知识,以及教师对理论性知识的理解、解释和运用的原则等。

(2)提高教师的教育专业能力

教师的专业能力即教师必须具备的从事教育教学的基本能力,是指教师必须达到教学目标,取得教学成效所具有的潜在的可能性,它由许多具体因素所组成,反映出教师个体顺利完成教学任务的直接、有效的心理特征,这些能力通过教育教学活动来体现并保证教育教学活动的有效进行。概括而言,主要包括:

- 教学活动设计能力
- 教学活动实施能力

·教育过程的组织和监控能力

·教育评价能力

(3)提升教师的教育专业精神

教师专业精神是指教师对教育教学工作产生认同和承诺之后,在工作中表现出认真敬业、主动负责、热诚服务、精进研究的精神。广义上的理解,还应该包括教师的道德情操和品格情操。① 概括而言,教育专业精神应该包括:教育理念、专业态度、职业道德、自我发展意识等。

2. 校长要掌握指导教师开展教育实践与研究的方法

教育教学实践是教师工作的基本内容,在实践的基础上开展教育教学研究则是教师提升自己在研究问题、分析问题、解决问题等方面能力的重要途径。校长在指导教师提升实践与研究能力上肩负着领导的重任,因此,掌握指导教师进行教育教学实践与研究的方法极为重要。具体而言,校长可以通过课堂观察、校本培训和培养反思型教师等方式有效指导教师发展。

(1)课堂观察

校长在教师的教育教学实践能力提升中扮演着指导者和支持者的角色。为指导教师开展教育教学实践,提升教师教育教学能力,校长可以采取的一种有效的指导方法就是课堂观察。课堂观察包含听课和评课两部分,即校长定期进入课堂听课,对教师的教育教学行为进行观察和记录,并对授课教师给予反馈和建议。只有在课堂上,教师的教育教学素养和能力方有切实的体现。校长要成为课堂观察的"常

---

① 饶见维.教师专业发展:理论与实务[M].台北:五南图书出版公司,1996:204-206.

客",同时建立和完善合理的反馈机制。只有通过听课、评课,校长才能真正了解学校教师在课堂教学中的真实表现,从中发现其存在的教学问题,并针对这些问题与相关的授课教师展开及时的讨论和分析,从而提出解决方案,以有效提高教师教育教学实践的能力,最终提高学校的教育质量。

(2)校本培训

校本培训也是常用的有效指导教师开展教育教学实践与研究的方法。校长可以发挥自身的知识与能力,对全体教师进行教育教学实践与研究方面相关内容的培训,也可以聘请校外专家或优秀教育工作者到学校里给教师指导和帮助。校本培训为全体教师提供了一个研讨和交流的平台,在这个平台上,校长是主要负责人,担负着引领、组织、指导和支持的义务。通过带领教师们开展专题研讨会、开发校本课程和教材、开设专业成长研讨班和特别研究小组等方式,促进教师在教育教学实践与研究方面增强意识和提升能力。

(3)培养反思型教师

以"反思"促进教师专业发展是当前教师专业发展较为前沿的一种取向。反思型教师应该是具备高水平的教育教学实践能力并掌握开展教育教学研究技能与方法的新型教师,校长通过掌握反思型教师的相关知识与培养方法,能够更好地实现引领教师成长的目标。培养反思型教师,校长要关注引导教师进行教学反思,改进教师的教学模式,营造教师在反思中自主发展的学校管理氛围。

具体地讲,首先,校长要激发和提高教师的反思动力,培养教师的反思行为习惯,营造鼓励和支持反思的群体氛围;其次,校长要确定反思型教师培养的内容,探讨反思型教师培养的基本方式;再次,校长要建立反思型教师培养的评价体系，建立完善的反思型教师培养制度保障体系；最后，校长还要关注教师个体，创设合作学习的氛围，推动教师积极参与，共享教育资源。①

(四)校长要特别关注教师专业发展的心理机制

1. 提升教师的职业承诺

教师职业承诺是影响教师工作效率和学生学业成绩的重要因素。具有良好职业承诺的教师往往愿意投入教育教学工作，积极提升自身的教学素养，努力实现教学目标，以积极的教学态度和行为促进学生的学业发展。因此，提升教师的职业承诺，有助于有效改善教师的职业心理状态，提高教育教学质量，推动教育教学改革。

影响教师职业承诺的外部管理因素有很多，主要包括以下几方面。

(1)教师的自主权

主要体现在教师参与管理学校教育教学活动的权力和机会。校长在学校管理过程中，对教师充分的授权将直接影响其职业承诺。Certo(2002)研究表明，缺乏自主权是教师离职的一个重要原因。许多新教师因为感觉在学校中缺乏自主权而降低教学积极性，约有一半的新教师因此而离职。②

---

① 鱼霞. 反思型教师的成长机制探新[M]. 北京：教育科学出版社，2007：221-248.

② Certo J L, Fox J E. Retaining quality teachers[J]. High School Journal, 2002, 86(1), pp. 57-75.

(2)合理的教师评价与教学管理

学校建立科学的教师评价体系，制订切合实际的教师评价制度，采用合理的教师评价方式，实施公平有效的教学管理，这既是学校有效管理的保障，也有助于提升教师的职业承诺。

(3)良好的学校人际氛围

良好的人际氛围属于学校建立良好文化氛围的范畴。教师之间形成良好的教育教学沟通氛围，相互分享各自的教学成果，对教育教学过程中遇到的问题或困惑予以相互支持和帮助。教师同事之间的人际支持氛围对其职业承诺有着重要的影响。

(4)拓展培训与学习的机会

学校管理为教师提供拓展知识、技能和能力的机会，比如，富于实效的讲座、参与课题调研活动、进高校短期进修学习等，都有助于提升教师的职业承诺水平。

在影响教师职业承诺的诸多因素中，有的是校长难以调控的，如教师的工资待遇；而有些因素是校长可以调控的，如校长对教师的管理或领导方式。校长可以通过改进自身的教师管理理念与方式，进而提升教师对职业的承诺。

2. 完善教师的专业知识结构

在专业知识结构中，教师一般都具备良好的本体性知识(学科知识)，而一些教师在条件性知识和实践性知识方面却存在不足。学校管理可以通过以下措施进一步完善教师的知识结构。

(1)为教师开展关于教育学、心理学知识的培训

除了常规的教师培训以外，学校可以就一些教育教学专题，邀请教学一线的优秀教师、教研中心的优秀教师、大学的优秀教育研究者

等，通过灵活多样的引发教师兴趣和思考的形式，为教师们提供"如何教"的教育学、心理学知识讲座与培训。

(2)鼓励教师学习有关教育学、心理学方面的书籍和文献

教师在入职之前虽然经过专业知识的学习，但是关于如何教的知识在不断更新，教师也需要不断学习新的教育教学理论，了解教育教学前沿研究，阅读相关的书籍和文献，以不断完善自身的条件性知识储备。

(3)开展教学观摩与研讨

学校管理者可以在学校内部开展教学观摩与研讨，也可以组织教师走进别的学校，或者请其他学校的优秀教师为教师们实施教学观摩课，并组织教师进行研讨。通过学习他人的教学设计与实践操作，来提升教师自身的实践性知识。

(4)进行自我教学录像，研究教学问题

教师通过观察学习自己的教学录像，进行教学思考或与其他教师进行教学研讨，鼓励教师通过解决自身教学实践问题，来提升实践性知识。实践表明，通过自我教学录像，并分析和思考自身教学环节及其存在的问题，有助于教师对教学活动进行反思，并促进教师之间的相互理解和支持。

3. 改进教师的教育教学理念

改进教师的理念，这是一个比较高也比较难的管理目标。教师作为成年人，都是心智成熟的个体，或者说教师们心理与智慧发展都已经形成较为完善的体系，教师们对学校教育与课堂教学过程中的各种现象和事务已经形成比较稳定的认识和理解，因此，真正改进或改变教师们的理念，对校长而言，并不是一件容易的事情。

但是，这并非意味着教师们的教育理念是不可改变的。事实上，有一个人可以很容易改进或改变教师的教育教学理念，这个人不是别人，正是教师自己。教师作为一个成年人，当自己从内心里接受某种新的理念或观念，改进理念就会变得非常容易，因为那种改变来自于教师的内在力量。

因此，面对心智成熟的教师，校长希望促进教师理念改进最有效的途径，就是引导教师自己改变自己。可以说，校长管理教师的本质在于引导教师自我管理。校长简单地通过自身所拥有的管理权力去"要求"教师，也许能够凭借这种权力对教师的教育教学行为进行调控，但是外界的力量很难真正控制或引导教师的心灵。如果校长希望通过管理真正让教师"口服心也服"，那就需要校长以符合教师发展规律的理念和方式来引导教师形成科学合理的教育教学理念。

4. 引导教师进行教学反思

美国心理学者波斯纳(G. J. Posner，1989)提出了一个教师成长公式：教师成长＝经验＋反思。他认为没有反思的经验是狭隘的经验，至多只能形成肤浅的知识，没有反思的经验也不会帮助教师获得好的发展。教学反思有助于总结教学实践，升华教学经验。教学反思是教师个体专业化发展心理机制的实质性环节。

(1)教学反思的心理结构

基于思维的心理结构是个多侧面、多形态、多水平、多联系的结构(朱智贤，林崇德，1986)的认识，我们认为教师的教学反思作为一种特殊的思维形式，其结构也具有多水平、多侧面、多形态的特点，详见图 6-2。

从教学反思的结构可以看出，反思过程是反思内容、方式、倾向

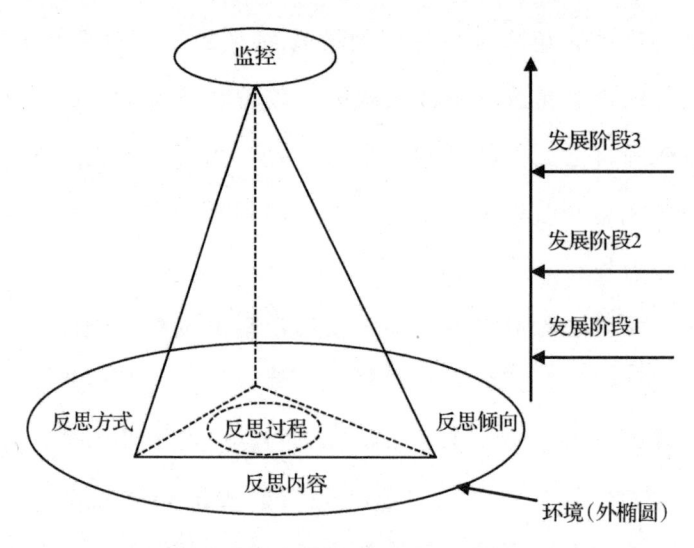

图 6-2　教学反思的心理结构

等方面在监控之下的发展过程。其中，反思内容是教学反思得以进行的载体，主要指已经发生或正在发生的教学活动以及支持这些教学活动的观念和假设。教学反思内容包括两方面：一方面是教学反思内容的广度，即教学反思的指向；另一方面是教学反思内容的深度，即教学反思水平。反思方式是指教师对具体的反思内容进行思维加工时所采用的外显的方法。反思倾向是指教师在反省思维操作过程中所表现出来的习惯和态度。

教学反思过程中往往呈现不同的发展阶段。

发展阶段 1 是无意识反思。这一阶段的反思缺乏理性思考和理论指导，并不关注揭示教学行为及其问题背后的规律。

发展阶段 2 是有意识反思。教师能理性地对教学问题进行多角度、多方式的评价和判断，并整合"多种观念"和获得最佳结论。

发展阶段 3 是发展性反思，在前两个发展阶段的基础上，教师能够清晰地表征问题，并能揭示教育教学行为背后的规律或理论，并以此指导问题解决的进程，进一步监控、调整自己的教育教学行为和理念。

(2)教师教学反思的特点

教学反思作为一种特殊的反省思维，不同于一般的教学思维，有其独特性。

・问题性

教学反思来自于自我意识的觉醒，而自我意识的觉醒产生于在旧有理念导向下对实践问题的困惑和迷茫，因此，反思产生于"问题"或"未知境界"，能引起教师自我信念的疑难或心理上的不适应。

・研究性

意识的积极参与，需要智力和情感的投入。教学反思不等同于自发的、无意识的回顾和总结，它需要教师针对教学实践中出现的问题，从多方面加以分析、探究，寻求解决问题的策略，具有明显的研究特征。

・辩证性

教学反思的内涵在于理解问题及其知识的相对性，接受并承认矛盾是现实的一部分。当面临冲突、对立的观点时，具有反思精神的教师能够接受这种矛盾存在的必然性，并整合矛盾和冲突，将不同形式、不同系统间的矛盾或对立信息整合为具有包容性的、协调的、更广阔的信息。

・发展性

教学反思的发展性是指教学反思具有过程性，教师在反思过程中获得专业发展，教学反思可以促进教师的发展。通过教学反思，不同的教师往往经历不同的发展阶段，达到不同的发展水平。

(3)教师教学反思的培养方式

从教师个体专业发展角度来看，培养教师的教学反思主要有以下几种方式：

・自我内部对话

即通常所说的"在头脑中想一想"，这取决于教师自身的理论水平和心理状态调节能力。一般说来，教师采用这种方式进行反思难以深刻揭示教育教学问题的规律和原因。

・写反思日记

教师在每天课后或定期对自己在教学中遇到的各种问题或事件进行整理和思考，以内容相对集中的日记形式记录下来，分析事件产生的原因，并设计多种解决策略。

・课后备课

传统教学理论中比较强调课前备课这一环节，却忽视了课后的教学分析和思考。教师在课后对教学进行分析和思考，有助于培养教师的教学反思精神，有助于改进和完善教学。

・合作讨论

教师之间在课余时间就所遇到的教学问题与困惑进行讨论，有助于反思自身教学。教师同事之间的合作讨论需要有一定主题，在开放友好的氛围中坦诚地交换意见，探讨教育教学问题。

本章思考题

1. 教师专业的特征是什么？教师专业发展经过怎样的历程？
2. 教师专业发展的心理结构及其机制是什么？

3. 如何提升教师的职业承诺，如何引导教师开展教学反思？

4. 在学校管理实践中，如何运用"新手—熟手—专家"教师专业发展阶段理论？

第七章　建立学习型组织，正向激励教师发展

　　当前，学习型组织的理念与实践已获得越来越多的关注和发展。学校作为学习的殿堂，教师在担当着学生学业支持者和促进者角色的同时，也应该成为自身学习的实践者和追求者。而且，终身学习的理念已成为各国教师教育共同追求的价值取向，在此背景下，不断学习和主动发展已成为时代对教师发展提出的要求。因此，校长需要掌握学习型组织的建设方法，并采取正向激励教师发展的策略，在引领教师成长的过程中，通过创建学习型组织，为教师提供合作学习、资源共享、交流研讨的环境与平台，有效地促进教师的专业发展。

　　本章将针对"某位校长看到一位教师在办公室电脑上打网络游戏"这一"事件"，讨论校长如何通过改进管理理念，提升教师教学质量，正向激励教师专业发展。在案例分析中，将探讨校长的人性假设和科学合理的教师观对教师激励的重要作用。在此基础上，提出应对策略，强调校长管理的重点不在于"教师不该做什么"，而在于"教师该

做什么"。校长要关注学习型组织建设,把教学管理作为学校管理的核心内容,通过有效的课堂观察,指导和帮助教师提升其教学素养。有效的课堂观察对教师获得良好的专业发展具有重要意义。

一、案例及问题:教师在办公室玩网络游戏怎么办?

随着互联网的大规模普及和应用,现在许多学校都为教师配备办公电脑和网络,以方便教师的教育教学工作,促进教师的学习与发展。但与此同时,也出现了一些办公电脑"滥用"的问题,一些教师可能会在上班时间用办公电脑做着玩网络游戏、看电影、逛网店等与教育教学工作无关的事情。并且,随着智能手机、平板电脑的广泛普及,它们可以应用于教学活动,也可能用于与教学无关的娱乐活动。面对此类情形,学校管理者应该如何去管理呢?

有一位校长与我交流自己遇到的一个教师管理的小问题。虽然这个有关教师管理的问题情境并不复杂,但让这位校长深感困惑。

有一天,这位校长从教师办公室门前经过,无意中从办公室窗户外面看到一位教师正在电脑上玩网络游戏,这位教师玩得非常投入,并没有觉察到校长的出现。校长很想当场制止这位教师在办公室玩网络游戏的行为,但是,由于当时校长有别的事情急于处理,就只好离开了。

在以后的几天里,校长一直觉得教师上班期间在办公室打网络游戏是个严重的问题。校长当初为学校全体教师每人配备了一台电脑,而且连接了优质的网络资源,本意是希望教师通过使用电脑和网络来提高其备课和课堂教学等环节的效率,而这位教师却用电脑来玩网络游戏,而且还是在上班时间,这使得这位校长不能接受。那么,校长该如何处理这种情况呢？校长该如何管理这位教师呢？

就此问题，这位校长表示，学校有"禁止教师玩网络游戏"的规定，按照规定该怎么处理就怎么处理。不过这位校长表示，不会直接制止，而是将通过找别的教师提醒或在教师会议上不点名批评等方式，让这位教师意识到不能这样做。

这位校长的处理方式强调"不准许"，于是，我向这位校长提出疑问，制止教师不打网络游戏并不难，但是，教师在办公室不再用电脑打网络游戏，而是用手机打网络游戏该怎么办呢？即使校长成功制止了教师用手机打网络游戏，那么教师在办公室打瞌睡，又该怎么办呢？

在信息化社会这一新型社会形态中，学校管理者的权威形象不断受到挑战，专制的学校管理方式也逐渐失去市场。传统的学校管理对于教师管理常常呈现出"手段匮乏，不知所措"的状况，管理理念和管理方式不当的问题凸显。对于教师的这些问题到底管还是不管，管理又该采取什么方法，管理到什么程度，学校管理者常常拿捏不准。

二、分析与讨论：校长管理教师"网游"问题背后的教师观

（一）禁止教师打网络游戏是解决问题的关键吗？

针对如何解决此问题，我们对参加北京师范大学全国校长培训班的中小学校长群体进行了大量的访谈。校长们普遍强调要对教师在办公室打网络游戏这一现象的原因进行分析，是由于教师的教学工作太清闲，或是教师的教学压力过大？还是由于教师责任感较低，对工作失去热情，出现了职业倦怠问题等？

对于如何管理这一问题，校长们的观点几乎一边倒地认为教师不应该上班期间在办公室打网络游戏，应该制止教师的错误行为，加强对教师的管理。具体如何管理主要有以下三种观点。

第一种观点，有少数校长认为，教师在办公室打网络游戏的问题折射出教师对本职工作积极性不高，教师的这种行为将对其他教师和学生产生不良的影响，校长应该当场制止，及时纠正教师在办公室打网络游戏的错误行为。

第二种观点，大多数校长认为，应该制止教师打网络游戏的行为，但认为校长要考虑到教师的尊严，避免校长和教师之间可能产生的冲突或矛盾。为更好地处理这件事情，校长不必当场制止，而应该在事后找机会与教师委婉交流，侧面提醒教师的"问题行为"，引导教师改进。

第三种观点，也有校长认为不必管理，甚至认为可以考虑给教师一些时间，允许教师打网络游戏。当然只有极个别的校长持这种观点。

然而，基于以上观点，校长无论以何种方式（强制或委婉）管理教师的"网游"问题，教师可能会向校长承诺以后不在办公室打网络游戏了。但是新的问题可能产生，正如案例中所言，教师此后改用手机打网络游戏，校长该如何管理呢？更为复杂的问题是这种情况很难被校长发现。即使校长发现并制止了教师用手机打网络游戏的行为，教师坐在办公室既不用电脑打网络游戏，也不用手机打网络游戏，而是在办公室打瞌睡，并不专心于准备教学工作，那么校长又该如何管理呢？

在与校长们就此问题进行讨论的过程中，我发现校长们很难找到行之有效的管理策略，而更多强调"不准许"。然而，即使教师在办公室既不打网络游戏，也不打瞌睡，这并不意味着教师的教育教学工作是有效的。

教师"网游"背后的管理核心问题是校长的管理理念，校长的管理策略受其管理理念的引导。下面有必要通过透析校长的管理理念，来寻找解决问题的管理策略。

(二)理念透析：校长要树立科学合理的教师观

1. 管理的人性假设

管理学视角的人性假设是管理者基于对人性的认识与理解而形成的对员工自我发展的内心需求、工作动机和劳动态度等方面的观念。在管理的历史发展过程中，主要表现有四种人性假设："经济人"假设、"社会人"假设、"自我实现人"假设和"复杂人"假设。

(1)"经济人"假设

这种人性假设的基本观点是人的行为动机源于经济诱因，在于追求最大的物质利益，人基本上是受经济刺激驱动的，人的感情基本上是无理性的，因此在组织管理中，员工是消极被动的，需要管理者的操纵和控制。员工是管理者所操纵、激励和控制的被动力量，管理机构的设计能够调节和控制人的感情，甚至能够控制他们各不相同的个性特征。

基于这种人性假设，组织管理经常采取以下策略：用经济奖酬来获得员工的劳动和服从；注重提高劳动生产率，完成生产任务，而忽视对人的感情和道义上应负的责任；针对员工效率低下或情绪低落的解决方法是重新审查奖酬方案。

(2)"社会人"假设

著名的"霍桑实验"发现人际关系影响着组织效率，对"社会人"假设的提出具有重要作用。"社会人"假设的基本观点是人不只需要金钱或物质，社会人际关系是人类行为的基本激励因素。这种人性假设强调，在工作失去的内在乐趣和意义时，社会人际需求只能在人们的交往中获得，员工对团队交往比对经济报酬更重视，社会人际需要的满足程度是影响工作效率的主要因素。

基于这种人性假设，组织管理所采取的策略就会关注员工的个人需求，关心员工的心理健康和人际关系、归属感和地位感等，注重群体的存在和团体奖励，提倡参与式管理使员工有机会参与管理事务。

(3)"自我实现人"假设

人本主义心理学的发展对"自我实现人"假设的提出具有重要意义。这种人性假设也被称为"自主人"假设，认为人的需求是分层次递进发展的，自我实现是人最高层次的需求，人从根本上是自我激励和自我控制的，每个人都有独立和自主的倾向，人们在工作中获得成熟和发展，组织目标可以通过个人需求的满足而得以实现。

基于这种人性假设，管理策略与以往有所不同。首先，管理重点发生转变。经济人假设重视物质因素刺激，社会人假设重视群体作用和人际关系，而自我实现人假设则更注重怎样使工作更具意义和挑战性，从而使员工能够在工作中找到内在价值，感受到接受挑战的自豪感和自尊感。其次，管理职能发生转变。管理者与其说是一位激励者、指导者、控制者，不如说是一位起催化作用的媒介者，是创造和提供机会的人。最后，管理方式发生改变。从强调外在奖励到强调内在奖励,从传统意义上的泰勒制式的"科学管理"①发展成为参与式管理,再提升到民主式管理。

(4)"复杂人"假设

这种人性假设的基本观点认为人的需要是多种多样,且不断发展变化的。人的需要和动机组成复杂的动机模式,期间人可获得新的动机,并且在不同的组织或组织部门会表现出不同的需要。无论何种工作动机,都可能导致最高的工作效率,因为没有一套适合于任何人、任何时代的万能管理方式。

基于这种人性假设,管理策略侧重于强调"随具体情境而变"的权变理论(Contingency Theory),强调管理实践要根据组织所处的内外情境的发展变化做出可变的、灵活的调整,因此,管理措施和方法不能简单化和形式化,要因人而异,因事而异。

针对学校管理,可以看出,在校长管理教师时,四种人性假设都可能存在,校长会有意无意地持有某种人性假设,并以此来管理教师。校长应该看到,在当前的学校管理中,仅仅强调"经济人"假设的管理理念已经滞后了,而只强调"社会人"假设的管理理念也可能忽视了教师内在的自我价值。就宏观管理而言,"复杂人"假设的管理理念可能适应于当前我国教师队伍的发展水平和特点存在差异的现状。而从激励教师发展的角度来看,"自我实现人"假设的管理理念具有更积极的意义,应该受到学校管理者的关注和采纳。

---

① 泰勒制是一种工业管理方法,由20世纪初美国工程师泰勒(F. W. Taylor)在传统管理基础上首创的一种新的工业管理制度,也被称为"科学管理"。泰勒制强调工人操作的标准化和规范化,主要内容包括劳动方法标准化、制定标准时间、有差别的计件工资、挑选和培训工人、管理和分工等。

2. 校长的教师观

校长要树立积极的人性假设，持有开放的管理理念。这主要体现在学校管理者拥有什么样的教师观，即在学校管理者的头脑中把教师视为什么样的人。比如，本章之初的案例中，如果校长看到教师在玩网络游戏时就立即批评制止，那么校长心目中的教师观就显现出来了，他可能从内心里把教师视为消极被动的、被规定的人。如果校长采用"旁敲侧击"的提醒方式，这表明校长意识到教师是有自尊和独立人格的人。

校长的教师观会在不知不觉中影响着对教师管理的方式和效果。在当前不断深化的教育改革中，一些专家对学校管理者应该持何种教师观这一问题，从不同视角出发提出了很多有价值的观点。概括而言，科学合理的教师观包括以下三个方面内涵。

(1)教师是发展的人：用发展的眼光看待教师

在案例中，当校长发现教师在办公室电脑上打网络游戏，校长希望对这位教师的"问题行为"提出一些改进建议的时候，校长如何看待教师，把教师视为什么样的人，这对校长管理教师是否能够取得实效具有重要意义。不同的校长有可能对这样的教师形成不同的看法和认识，比如，校长可能有两种不同的观念：

观念一："这是一个问题教师"

观念二："这个教师打网络游戏的行为有问题"

哪一种观念将有助于校长改进教师的行为表现呢？显然，"观念一"针对人，而"观念二"针对事。"观念一"是用一种僵化、静止地眼光来看待教师，校长以教师一时的表现来概括教师的全部，以偏概全，给教师贴上"问题教师"的标签，教师的发展空间可能就被无形剥夺了；而"观念二"是就事论事，对事不对人，教师在办公室电脑上打网络游戏，并不意味着教师此时表现有问题，以后表现也一定有问题。这种教师观就是用发展的眼光来看待教师，视教师为发展的人。这其中蕴含着校长对教师发展的期待和理解。

当然，校长以发展的眼光看待教师，必须是其内在观念或深层观念的体现，而不是口头上的表现。如果校长表里不一或言行不一致，在其内心深处已经把教师看"扁"了，即使口头上再如何发展地看待教师，对促进教师发展也可能无济于事，因为在管理过程中，真正发挥作用的是管理者的内在观念。

所谓认知调控行为，就是指一个人的深层观念对其行为具有真正的作用。校长的管理行为也是受其深层管理观念所调节控制的。校长以发展的眼光看待教师，并不是仅仅停留在表层观念上，而是需要在深层观念上对此真正有所认同。

(2)教师是有个性的人：用独特眼光看待教师

在学校中，每一位教师都有着自身的个性或差异性，每一位教师都有着自身的独特性，校长管理也应个性化地对待不同的教师。用独特的眼光看待每一位教师，也对学校管理实践提出了新的要求和期待。这无疑对许多学校管理者以及学校上级主管部门"一刀切"式地看待和评价教师的管理理念和方式提出了质疑。

目前学校管理中经常存在忽视教师个性特点的情况，"一刀切"地看待教师的做法仍然存在，这不仅不利于提高教师的教学动力，也不利于激励教师更好地改进教学，更不利于提升学校的组织管理效率。目前虽然一些学校教师的发展状况不断改进和完善，但从宏观来看，教师群体的职业心态和动力并不令人乐观，这不能不说与管理理念中忽视教师个性存在着必然联系。

每位教师的发展各有特点、各有所长，忽视教师个性的管理方式将抑制教师的发展。根据教师的个性来管理教师，对不同教学特点和水平的教师予以不同程度和不同方式的激励，对不同工作表现的教师采取不同的奖励措施，这就是个性化的管理，可以称之为因材施"管"。

(3) 教师是系统的人：用系统的眼光看待教师

每位教师都不是一个简单的、孤立的个体，每位教师都有自己不同的生活经历、教育背景和人生体验，每位教师都在不同时间和空间上与周围的人与事有着各种联系，这些联系的集合就形成了一个以教师为核心的系统。因此，校长不应简单化地看待教师，也不应该孤立地考虑教师发展的问题，而应用系统的眼光看待教师。

在本章案例中，教师在办公室打网络游戏的问题背后，可能有着系统的原因，比如，这可能反映出教师工作倦怠的自身问题，也可能反映出学校管理对教师缺乏激励作用的管理问题，也可能反映出没有问题，这只不过是教师已经很好地完成教育教学工作而放松心情的表现。

如果校长不以系统的眼光看待教师，而认定这位教师玩网络游戏就是不认真对待教学工作，就可能会削弱教师的工作积极性，甚至引发这位教师与校长的"对抗"。这就好比工厂里的工人以毁坏机器来对抗管理者，与此不同的是，教师的这种"对抗"往往并不是有形的，而是无形的，这种无形的"对抗"对学校发展和学生培养所产生的负面作用甚至强于有形的对抗。因此，作为学校管理者，尤其是校长，应当把教师视为系统的人，这对获得良好的管理效率有着重要意义。

从以上三种教师观来看，校长以发展的、独特的、系统的眼光看待教师，这对校长的管理理念和方式的改进有着非常重要的意义，对教师发展也有着重要意义。如果校长缺乏科学合理的教师观，不能积极地、正确地看待教师，那么学校管理者就难以促进教师获得良好发展，学校管理就难以获得有效的改进。

3. 正向引导教师发展，关注"教师该做什么"

校长每天都会面对各种各样的学校发展问题，尤其是教师发展问题。校长在考虑教师发展方面的问题时，需要有开放的思维，不应被问题表面所束缚，需要从问题表面深入到问题的本质，抓住问题的主线和关键。

结合本章之初的案例，对教师而言，无论其教学水平高低，无论其是否有很大的提升潜力，校长管理的重点不是如何制止教师玩网络游戏的行为，而是通过改进管理，努力进一步提升教师的教学水平。

当前一些学校及其上级主管部门的教师管理过于强调"教师不该做什么"，而忽视了"教师该做什么"。有些地方的教育主管部门以文件形式提出"教师十不准"或"教师八不准"之类的规定，比如，规定教师不准体罚或变相体罚学生，不准酒后上课，不准在课堂上抽烟、使用手机或其他通信工具，不准在工作时间打牌、上网做与教育教学无关的事情，不准从事有偿家教或利用法定节假日、休息日有偿给学生补课，等等。甚至，在一些学校的墙上醒目地写着"教师严禁打骂、污辱学生"。试想，在一家餐馆的墙上写着"严禁打骂顾客"，谁还敢走进这家餐馆呢？

事实上，一个教师即使没有任何违反关于"十不准"或"八不准"之类的规定，这并不意味着教师就是一名合格的教师。因此，校长管理的重点不是"教师不该做什么",而是"教师该做什么"。学校或上级主管部门不应关注"不准教师做什么",而应提倡"准许或期待教师做什么",比如,将学校墙上写的"严禁体罚、污辱学生"改为"关心、爱护学生"更具有积极意义。

在案例中,教师表现出的"问题"并不是值得学校管理者重点关注的问题,校长即便使用各种方式杜绝了教师玩网络游戏的行为,但是这并不意味着教师就会去努力做好本职工作。促进教师投入本职工作,才是管理的根本所在。

对于教师而言,教学是教师职责最重要的组成部分,同时也是教师专业发展的核心领域。针对教师的管理实践,应以教学为中心,围绕促进教师教学水平的提高,赋予教师更多的教学自主,引导教师成为自我发展的主体,积极探索适合自身状况的发展道路。学校对于教师的管理考核应关注教师的教学表现,关注教师专业标准以对"教师该做什么"提出的要求。

近年来,有的学校出现过因教师在工作以外的时间进行有偿家教或有偿补课而被解聘的情况。然而,问题的关键并不在于教师是否做了有偿家教,而应是教师是否尽到自身的教育教学职责,即教师是否做到了本应该用心去做的教学与学生管理的相关工作。有偿家教或有偿补课只是一个非常表面的问题,如果一位教师的教学与学生管理工作非常优秀,那么有偿家教就不是一个真正的问题。相反,如果一位教师的教学与学生管理工作不到位,问题重重,那么即便他从来不做有偿家教或有偿补课,从来不违反学校的"十不准",那么校长也应积极加强管理。

因此,校长发现教师在办公室里打网络游戏,这个问题的关键并不在于教师是否玩网络游戏，而是教师的教学与管理工作是否称职。如果教师的教学与学生管理工作并不称职，即便教师每天端端正正地坐在办公室拼命备课，校长也需要关注这位教师的发展问题，想办法提升其教学水平。如果教师的教学很优秀，学生管理也非常有效，那么教师在办公室里玩网络游戏就不是问题，校长可以接纳教师的这种行为，针对教师发展现状和潜质，引导教师树立更高的发展目标。

拥有开放思维的校长在管理教师时，要讲究"攻"心为上，真正关心和关注教师的心理需求。在引导教师发展过程中，校长的管理不在于"口服心不服"，而在于"口服心也服"。当然，这里的"服"指的是佩服，而不是被动地服从。

三、管理与对策：营造学习氛围，提升教师的教学水平

面对新变化、新背景，校长需要不断加深对管理理念的理解，通过对学校管理中实际问题的分析，寻求适合当下教师现状的有效管理方法，提高教师教学水平，促进学校教育更好地发展。

当前，学校管理者所面对的教师群体与过去相比充满了变化，管理也更具有挑战性。首先，过去教师主要以师范体系培养为主，而当今教师来源于各种类型院校（师范类和非师范类），越发具有个性追求和独立思考的能力；其次，随着教师各方面福利待遇的提升，教师的社会经济地位有所提高，更多具有良好素质的人选择加入教师队伍；最后，随着教师发展需求不断提高和我国高等教育入学率的提升，教师学历层次有了很大程度提升，教师越发渴求民主的管理方式。因此，学校管理者针对教师群体的管理理念和管理方式也应该随之变化。

(一)建立学习型组织，为教师营造学习氛围

"学习型组织"是这样一种状态，即组织中的所有成员通过不断努力和创新，为实现组织共同的发展目标而一起学习，进而使组织取得发展和进步。[①] 在学习型组织中，个体通过真正的学习而得以体现生命的价值，重新创造自我，重新认识世界，提升自己创造未来的能力。学习型组织除了强调组织中个体通过不断努力学习而取得进步以外，还强调通过形成一个学习共同体，促进组织共同的目标的实现。

学校教师所形成的学习型组织有这样一些特点：[②]

• 学习渗透到教师的每一件工作事务中，它是教师日常工作的常规组成部分。

• 教师的学习是一个持续不断的过程。

• 合作是教师学习过程中建立各种关系的基础。

• 每个教师个体是成长的、进步的，在此过程中影响着组织的进步。

• 校长和全体教师共同创造这个组织。

• 教师自我引导提升学习效率和质量。

很显然，学习型组织强调教师学习的内在动机，强调学习的自愿性和主动性，强调教师个体及其团队自发确定自己的学习计划和进度。在一所学校当中，高水平的学习型组织应该是一个全体教师树立共同学习意愿、遵守共同成长制度、分享共同学校愿景、确立合作共

---

① 陈永明主编．朱益明著．学校高绩效领导与管理·校本教师发展[M]．北京：新华出版社，2005．

② 孟繁华．构建现代学校的学习型组织[J]．比较教育研究，2002(01)：53-56．

赢目标的学习共同体。学习型组织成员即教师之间相互帮助、相互促进，通过不断的主动学习、交流、分享经验和研讨，实现教师个体进步和集体进步，最终实现学校发展目标。

因此，校长应努力将学校创建成为一个具有良好学习氛围的"学习共同体"，团结每一位教师，建设一个高水平的学习型组织，从而实现教师专业素质和能力的整体提升，更好地实现引领教师成长的任务，进而发挥教师人力资源的优势作用，推动学校全面发展。

一方面，校长要明确在学习型组织建设中的角色定位。与传统的学校控制者和监督者的角色不同，校长应该是学习型组织的设计者、协调者、指导者和服务者。作为学习型组织的设计者，校长应对学校具体的发展现状进行系统分析，在广泛听取教师意见的基础上，设计学习型组织的机构框架和合理的建设制度。作为学习型组织目标生成与整合的协调者，校长应将学校外部环境变化对学校管理变革的影响、学校发展目标以及教师成长的需求等因素进行充分考虑。作为学习型组织成员的学习指导者，校长应为教师在实现共同愿景、改善心智模式、开展合作学习、实现专业发展等过程中遇到的问题或困惑提供指导。作为学习型组织建设的服务者，校长应树立服务意识，为学习型组织的建设不断提供有效支持与帮助。[1]

另一方面，校长要培养教师对学习的良好态度和习惯。在学校中，许多教师反映，整日忙于繁杂的教育教学事务，而很少有时间学习，很少有心思阅读教育书籍和文献。这可能进入一种不良循环，教师越不学习，就越难以应对教育教学事务，教育教学工作就显得越繁

---

[1] 程振响.学校学习型组织建设与校长专业化发展[J].河北师范大学学报(教育科学版),2004,6(5):22-28.

杂。事实上，教师可以通过不断学习，丰富自身的教育教学理论，并运用于教学实践，这往往能够帮助教师有效地应对繁杂的教育教学事务，使教育教学事务变得不再繁杂，从而进入一种学习带来的良性循环。

因此，校长要努力营造一种支持教师学习的氛围，丰富教师能够使用的学习工具和材料，根据教师作为成年人的学习规律和方式，使用多种方法积极评价教师的学习进展和收获，培养教师对学习的良好态度和习惯。

(二)校长要重视教师的自主学习与发展

在学习型组织中，教师的学习是主动追求的学习，教师的专业发展也是教师主动追求的发展。因此，校长在学校管理过程中，要注重提升教师自主发展的动机，采取有效的激励策略，引导和鼓励教师不断努力学习，不断提升自身专业能力与素质，不断提高工作积极性与主动性，以实现教学质量和学校办学水平的提高。[1]

其中，提升教师的教学自主(包括教学自主性和教学自主权)是激励教师自主发展的一项有效策略。[2] 学校要制订合理的、人性化的管理制度，保障教师享有专业发展的自主权和提升教师专业发展的自主性，激发其自主成长的意识和动机。学校管理要为教师自主发展创设良好的学习氛围，引导教师认识教师专业发展的主体性，激发教师自主发展的意识，提高教师自主发展的能力，从而自觉地、积极主动地

---

[1] 姜勇,洪秀敏,庞丽娟.教师自主发展及其内在机制[M].北京:北京师范大学出版社,2009:242-246.

[2] 姚计海.教学自主:教师专业发展的动力[J].中国教育学刊,2009(6):83-86.

投入自身专业发展的学习实践中。校长要加强管理制度保障，切实赋予教师专业发展的自主权，即教师参与学校教育教学目标设定和参与政策决策的权利以及针对学校教育相关事物拥有专业判断的权利。

校长要努力建构有助于教师专业发展的沟通交流平台，营造激励教师自主发展的教学与研讨的氛围，采取教学研讨、课例分析、教学反思、组建专家与教师合作团队等有效措施，将教师的学习与自主发展结合起来，引导教师通过学习促进自身获得良好的专业发展。

(三)校长要关注课堂教学，引导教师积极学习

就本章之初案例而言，当校长发现教师上班期间在办公室电脑上玩网络游戏时，校长首先要考虑这位教师的教学与学生管理工作是否称职。如果教师的教学和学生管理等教育教学工作都很优秀，那么在办公室玩网络游戏就不一定能称其为"问题"。如果校长不能确定这位教师的教育教学工作是否称职，那么不妨先去听一听这位教师的课。校长投入一些时间，多走进这位教师的课堂，关注教师的教学表现，这才是解决问题的"良方"。

教学是教师需要用心去做的事情，认真备课与课堂教学也需要教师用心去做。学校管理要激发教师的内在动力，从而使其用心面对教学。如果学校管理不关注教师的备课和教学实效，而过于关注教师在办公室玩网络游戏的问题表现，这就可能误导教师的备课和课堂教学，往往导致教师对待教学工作应付了事，反而削弱了教师教学的内在动力。这种形式化的管理往往使得那些努力使教学境界从"形"走向"神"的教师感到茫然而不知所措，于是许多教师不得不花费大量时间疲于应付。当前，形式化的管理已经成为许多教师提高自身教学水平

的束缚，尤其对于教学水平较高的教师更是如此，它阻碍着教师向专家型教师发展。

教师要通过不断学习，努力提升自身的教学水平。学校的教学管理也需要因人而异，既要考虑到教师的教学特点和教学风格，也要考虑到教师教学目标的实现。因此，对于教师的教学评价与管理，学校管理要关注教师备课质量，更要关注教师的课堂教学表现。然而备课与上课的形式丰富多样，教师的教学个性与创造力正蕴藏于其中，因此，学校管理可以规定教师的教学结果，但不必约束教师的教学过程。

那么，作为学校管理者，如何考察教师的备课和课堂教学质量，而不必把教学评价与管理的关注点放在形式化的事物之上呢？在与许多教师的访谈调研中，我们发现以下几种被教师普遍认为行之有效的方法。

1. 随堂听课，积极反馈

这是教师普遍认同的一种非常简便，而且最为行之有效的方法。这需要学校管理者改变评价教师备课与上课质量的思路（比如，有些学校避重就轻，仅仅通过检查教案来评价教师的备课质量），经常直接深入课堂听教师的课，发现教师日常备课与上课的真实情况。

当然，有一部分教师表示，虽然学校管理者来听课有助于提高教学水平，但是自己多少会感到一些压力，因此，有的教师对学校管理者随堂听课会有所顾虑。比如，有一位教师表示，学校管理者来听课会让自己感到紧张，于是经常把安排好的教学内容临时加以调整。如何改变这一尴尬局面呢？关键在于学校管理者听课的目的是什么，仅仅是为了检查和监督教师？还是为了帮助和促进教师发展？因此，学校管理者是否在听课之后积极与教师进行讨论和反馈，是否向教师提出切实有效的教学改进措施和建议，就显得尤为重要。比如，有一位教师反映，在校长听了他的课后，他满心希望校长能指出其课堂教学的问题所在，但是校长表示"没有问题"，在教师的再三追问下，校长只是告诉他黑板上的板书有一个字的笔画多了一个勾，这令该教师非常失望。

因此，听课就需要学校管理者熟悉所听课程，懂课，会评课。如果学校管理者本人就是所听课程教学方面的专家，听课之后能给予教师的教学提出切实可行的指导，这必定会受到教师的欢迎。当然，学校管理者并不一定是每门课程的教学专家，因此，面对自己不熟悉的课程时，可以请这方面的专家教师去听课，并进行反馈和指导，帮助教师深入分析教学中存在的问题。总之，深入课堂听课才是教学管理的硬道理。

2. 提供设备，鼓励教师自我课堂教学摄像

教师普遍认为听课与评课有助于提高其教学水平，但是有的教师表示学校管理者听课会使自己在不同程度上感受到心理压力，而限制了良好教学水平的发挥。如何解决这种心理冲突呢？一种行之有效的方法就是教师自我课堂教学摄像，即教师对自己的课堂教学进行摄像，然后课后自己观看分析，或者请其他教师一起观看自己的教学录像，并进行点评和讨论。这种方法有助于教师把自己的教学作为客体来审视，从崭新的视角发现自己教学中存在的问题，从而不断自我完善，同时也避免了学校管理者的评价压力对教学带来的负面影响。这种方式更适用于新入职的、教学心理素质有待提升的教师。

当然这需要学校创设条件，为教师提供摄像机，或者教师有条件

自备摄像机。在有条件的学校，教师可以在上课前向学校借取摄像机，或请有关人员协助教师把摄像机架设在教室后面，然后教师开始自己的教学就可以了。这种方式也有助于激发和培养教师的教学自主性。

3. 利用网络，为教师提供丰富的备课资源

网络拥有丰富多彩的教育教学资源和信息。目前学校校园网络越来越普及，学校管理者可以根据学校的软硬件条件，积极开发和建设校园网络，通过校园网络为教师提供获取丰富备课资源和相互交流的平台。

教师可以通过校园网络了解校内外教师的教案特点和备课情况，了解其他省市教师教学的特点和经验，也可以通过网络加强与其他学校教师的联系，相互提供或获取教案，相互传递备课资源和有关教学信息，以丰富备课和教学的内容，为提高教学质量做好充分的准备。

4. 鼓励教师小组讨论，相互传递备课经验

学校管理者可以鼓励或组织教师之间进行备课和课堂教学研讨，鼓励教师通过自愿组织的备课小组或教学小组来相互学习教学方法和传递教学经验。教师之间通过相互讨论和交流，有助于达到良好的备教材、备学生、备教学过程的备课目的，也有助于改进教学过程中出现的问题。

这种教师小组讨论的实施可以在备课之前，可以在备课之后。教师小组讨论可以是教师相互听课之后再进行小组讨论，也可以是教师之间灵活随机的教学沟通。这种方式对教师提高备课质量和课堂教学水平的积极作用是显而易见的。

5. 创设条件，引导教师与专家合作

学校管理者鼓励教师积极与教育教学实践和理论方面的专家进行

交流合作，这有助于提高教师备课质量和教学水平。实践型专家往往是教育教学领域的优秀教师，他们与教师进行教学沟通，对教师的备课和课堂教学支持往往具有立竿见影的作用。理论型专家往往是大学或研究机构的教育教学研究者，他们可以从理论的角度向教师提供有效的教学理念和思路，拓展教师的教学视野。与专家合作来提高教师的教学水平，这需要学校管理者积极地组织和协调。此外，学校需要努力为教师提供进修或深造的机会，创造条件帮助教师与专家合作，不断提高自身专业素养，引导教师成为专家型教师。

(四)校长要引导教师走向专家型教师

教师专业发展往往经历这样一个过程，从新入职的新手教师，到熟手教师，再到专家型教师，成为专家型教师是教师发展的方向。[①]这个过程也是教师的教学水平从"形"到"神"的发展过程。新手教师大多处于关注"形"的阶段，这个阶段的教师关注教学的形式，而熟手型教师更多关注教学过程，关注教学的实质，但在较大程度上仍然受备课和教学形式的制约。专家型教师往往可以抛开备课和教学形式的束缚，教学技能和水平达到了炉火纯青的境界，他们的教学行为表现流畅、灵活，不需要刻意加工，教学方法更加多种多样。[②]对专家型教师而言，他们可以超越教学形式，教学形式对实施有效教学并不是重要的事情。

---

① R.J. 斯腾伯格著. 专家型教师教学的原型观[J]. 高民，等译. 华东师范大学学报(教育科学版)，1997(1)：27-37.

② Gary A. Griffin. Staff Development: Eighty-second Yearbook of the National Society for the Study of Education[M]. Chicago: The University of Chicago Press, 1983, p.2.

教师是学校中传递人类科学文化知识和技能，进行思想品德教育，把受教育者培养成一定社会需要的人的专业技术人员。教师专业发展根据研究视角的不同而具有不同的内涵，Griffin(1983)认为，从个人专业化角度来看，教师专业发展是通过系统的努力来改变教师的专业实践、信念以及对学校和学生的理解。朱旭东、周钧(2007)认为，从职业专业化看，教师专业发展是教师这个职业群体符合专业标准的程度。教师个体专业化与教师职业专业化共同构成了教师专业化。教师个体专业化是教师职业专业化的基础和源泉，是教师专业化的根本方面；教师职业专业化是教师群体专业化的社会承认形式。[1]因此，校长要把管理的重心放到如何促进教师提高教学水平并获得良好的专业发展上面。

教师专业标准主要有以下四个特点：一是突出师德要求，要求教师要履行职业道德规范，增强教书育人的责任感和使命感，践行社会核心价值体系。二是强调学生主体地位，要求教师要尊重学生，关爱学生，充分发挥学生的主动性，为学生提供适宜的教育，促进每个学生主动、生动活泼地发展。三是强调实践能力，要求教师要把学科知识、教育理论与教育实践相结合，不断研究，改善教育教学工作，提升专业能力。四是体现时代特点，要求教师要主动适应经济社会和教育发展的要求，不断优化知识结构，不断提高文化修养，做终身学习的典范。[2]

这就要求广大学校管理者要将教师专业标准作为教师队伍建设的

---

[1] 朱旭东，周钧.教师专业发展研究述评[J].中国教育学刊，2007(1)：68-73.
[2] 教育部师范教育司负责人就教师专业标准公开征求意见答记者问.http：//edu.people.com.cn/GB/79457/16590598.html.2011

基本依据，根据教育改革发展的需要，充分发挥教师专业标准引领和导向作用，深化教师教育改革，建立教师教育质量保障体系，不断提高教师准入标准，切实提高教师培训质量。学校在进行教师队伍建设时，应该时刻把促进教师专业发展放在教师队伍建设的第一位，针对本校和不同教师的实际状况，学校管理者应制订个性化的教师培训方案，科学设置高水平的教师教育课程，提高培训课程的有效性、针对性，不让培训停留在表面，而要深入教师的教学实际中，不仅要让教师在课堂中深受感触，更要让教师在培训后能够将所学理念、知识与技能应用到学校的实际管理中，不断提高教师培训质量，不断提高教师教学水平，进而提高学校办学质量。

将教师专业标准作为教师管理的重要依据，制订教师专业发展规划，完善教师岗位职责和考核评价制度，健全教师绩效管理机制。学校在管理实践中，制订符合本校具体情况的教师专业发展规划，完善教师考核评价制度，将考核评价的重心放到教师专业评价上，通过评价方式的变革引导教师发展方向的变革，引导教师群体将发展的重心放到专业化发展上，引导教师要将教师专业标准作为自身专业发展的基本依据，制订自我专业发展规划，增强专业发展自觉性，主动参加教师培训和自主研修，逐步提升专业发展水平。同时，学校管理者应根据社会的发展变化状况及学校实际管理状况，积极探索适合新变化、新背景的教师管理模式，提高学校的教育教学水平，促进学生更好发展。

本章思考题

1. 教师观的内涵是什么？校长要树立怎样的教师观？

2. 为什么引导教师发展的重点在于"关注教师该做什么"？

3. 如何营造教师学习的氛围，提升课堂教学质量？

4. 基于本章案例分析，校长如何管理教师校外有偿补课和有偿家教的问题？

第三部分　引领教师成长的专业能力与行为

"引领教师成长"的专业能力与行为：

1. 建立健全教师专业发展的制度，推行校本教研，完善教研训一体的机制，落实每位教师五年一周期不少于360学时的培训要求。

2. 关注每一位教师的发展，指导教师根据自身发展特点制订专业发展计划，加强青年教师培养，支持教师轮岗交流，推进信息技术在教师专业发展中的应用。

3. 扎实开展师德师风教育，落实教师职业道德规范要求，严禁教师体罚或变相体罚学生，严禁教师从事有偿补课。

4. 维护和保障教师合法权益和待遇，关爱教师身心健康，建立优教优酬的激励制度。

——《义务教育学校校长专业标准》

为了实现对教师成长的引领，校长需要提升专业能力，不断改进专业管理行为；校长要建立健全有关教师专业发展的学校管理制度，在引导教师开展日常教学活动的同时，鼓励教师实施教科研，培养教师成为研究型教师；校长要提升管理沟通能力，通过与教师的有效心理沟通，调节教师的教育教学问题，完善教育教学行为；校长要提高师德师风建设能力，正确认识教师职业道德的内涵与价值，采取有效措施落实教师职业道德规范，引导教师提升教师职业道德素养；校长要关心教师的心理健康发展，提升心理健康教育的能力，不断改善学校管理行为，引导教师形成积极的工作心态，促进教师专业发展。

第八章　鼓励教师开展教科研

目前，教育理论研究领域强调教师做教科研的重要意义，强调教师的教科研是时代的呼唤，呼吁教师要成为研究者。在学校教育实践领域，学校管理者也要求教师从事教科研，强调教师做教科研是教育改革的趋势，是教师专业发展的有力保障。

虽然教师做教科研如此受到教育理论研究者与学校管理实践者的关注和提倡，但是，从研究本身所提供的证据而言，目前没有一项实证研究可以信服地告诉我们：教师为什么要做教科研？如果不搞清楚这个问题，学校管理就不能要求教师必须做教科研，不能用教科研来考核教师的专业发展，也不能用教科研来评价教师的工作，而只能建议或鼓励教师做教科研，引导有兴趣的教师积极开展教科研活动。

因此，有一些疑问也值得我们思考：做教科研是教师专业化的必要条件吗？一个不做教科研的教师就不能成为好教师吗？如果教师真的要做教科研，那么教师的教科研应该是什么样的教科研呢？带着这些疑问，本章对教师的教科研及其管理加以讨论。

一、案例及问题：一个关于教师对教科研态度的调查

随着教育教学改革的不断深入，中小学教师做教科研受到学校管理的广泛认可和关注。一些教育理论研究者及教育管理者纷纷提出观点，认为教师应该从事教科研，教师应该成为研究者。但是，中小学教师们对待教科研的态度怎样呢？

为了深入了解中小学一线教师做教科研的现状及其对待教科研的态度，我们采用问卷调研的方法，选取北京461名中小学教师进行研究。我们针对中小学教师对教科研的态度，基于对教师的访谈，编制了中小学教师教科研态度问卷，以考查教师对做教科研的态度是支持还是反对。

根据该问卷的统计分析表明，该问卷具有良好的信度和效度。教师教科研态度问卷分为两个维度：①支持教科研，即教师认为教科研有助于教师的教育教学活动，比如，教师做教科研成为研究者可以提高自身素质，提高教学质量；②反对教科研，即教师认为不必做教科研，教科研会阻碍正常的教学，比如，写科研论文成为教师的负担，教科研与教师实际工作相矛盾或脱节等。

研究发现，大部分学校都要求教师做教科研，每学年都要求教师撰写科研论文，而且教师做教科研经常与教师的评职称、评优、评骨干、评绩效等挂钩。但是，整体看来，中小学教师并不支持教师做教科研，甚至反对教师做教科研，认为做教科研会增加教师的压力和负担。具体而言，教师"反对教科研"维度的得分显著高于"支持教科研"维度的得分，这意味着教师对教科研持赞同态度的程度相对较低，而持反对态度的程度更高。针对教师的性别、学历、教龄、职称、周课

时数等不同背景变量，分析教师的教科研态度，发现存在一些显著差异，详见表8-1。

表8-1 不同背景变量下的教科研态度差异

		支持教科研		反对教科研	
		M	SD	M	SD
性别	男	2.24	0.85	2.40	0.68
	女	2.16	0.86	2.56	0.66
F值	0.354	3.15			
学历	大专	2.92	0.70	2.71	0.63
	本科	1.83	0.71	2.56	0.68
F值	165.39***	12.85***			
教龄	5年以下	2.10	0.82	2.45	0.64
	6～10年	2.16	0.78	2.46	0.65
	11～15年	2.52	0.92	2.71	0.63
	16～20年	1.98	0.84	2.46	0.75
	21年以上	1.78	0.55	2.37	0.65
F值	8.922***	3.132*			
小学职称	小学一级	2.57	0.84	2.63	0.66
	小学高级	2.12	0.90	2.51	0.70
F值	14.615***	1.688			
中学职称	中学二级	2.08	0.81	2.34	0.54
	中学一级	1.77	0.63	2.4	0.75
	中学高级	1.77	0.56	2.44	0.67
F值	2.214	0.204			
周课时数	1～11节	1.76	0.63	2.49	0.71
	12～17节	2.13	0.83	2.52	0.70
	18节以上	2.50	0.90	2.51	0.61
F值	19.203***	0.057			

注：*表示$p<0.05$，**表示$p<0.01$，***表示$p<0.001$

以教师学历为自变量，教师对教科研的态度为因变量进行分析，发现不同学历的教师在教科研态度两个维度上均有显著差异。以往有研究认为，中专学历和本科学历的小学教师对教科研不感兴趣的比例更大。[①] 我们研究也发现学历变量上，教师对教科研的态度存在显著差异，本科教师支持教科研和反对教科研的得分均显著低于专科教师，换言之，本科教师更为不支持教科研，而专科教师更为反对教科研。

在不同教龄上，教师在"反对教科研""支持教科研"两个维度上均存在显著差异，11～15年教龄的教师表现最为突出，他们既最支持教科研，又最反对教科研。在支持教科研维度上，11～15年教龄教师显著高于教龄为5年以下、16～20年和21年以上的教师；在反对教科研维度上，11～15年教龄教师除了显著高于21年以上教龄教师之外，与其他教龄段之间并没有显著差异。可以看出，教龄11～15年的教师对待教科研的态度较为矛盾，既支持，又反对，不过其反对教科研的呼声仍然高于支持教科研的呼声。

在职称上，分别以小学和中学教师职称为自变量，教师对教科研的态度为因变量进行方差分析，结果发现，不同职称的中学教师在教科研态度上没有显著差异，但是在"支持教科研"维度上的得分普遍较低，这意味中学教师倾向于不支持教科研。而不同职称小学教师在"支持教科研"维度上也存在显著差异，小学高级教师支持教科研的程度显著低于小学一级教师。

在不同周课时数上，教师"支持教科研"维度存在显著差异，周课

---

① 韦慧民. 提高小学教师科研素质的实践研究[D]. 桂林：广西师范大学，2003：17.

时数越多，越支持教科研，这可能意味着教学工作量大的教师更希望通过教科研来解决面临的问题或困惑。

综合看来，中小学教师反对教科研的呼声显著高于支持教科研的呼声。教师态度倾向于不支持教科研和反对教科研，中学教师不支持教科研的程度更为强烈。

二、分析与讨论：教师教科研的问题与反思

(一)教师开展教科研的现实问题

当前，教育理论与实践领域对中小学教师做教科研普遍持认同的态度。自从斯滕豪斯(Stenhouse)提出"教师成为研究者"的观点，并强调这是教师专业发展的有效途径以来，教科研似乎成为教师的职业特征。比如，有观点认为，中小学教师从事教科研是促进教师主动发展，提高其专业水平，促使教科研工作者进一步关注实践，从而推进我国基础教育课程改革的一项重要举措。[1] 也有人指出，中小学教师要积极开展教育研究，它不仅可以提高教师的教育教学水平，还能够提升教师的科研素质，使教师成为研究型教师，这是时代的要求。[2]

然而，虽然教科研似乎已成为广大教师工作的一部分，但是教师的教科研仍存在诸多问题。有研究表明，教师虽然对教科研的重要性有比较深刻的认识，但对教科研的兴趣并不高，很多教师对教科研有

---

[1] 项春晓.中小学教育科学研究的现状和思考[D].苏州：苏州大学，2007：1，22.
[2] 顾明远.中小学教师要积极开展教育研究[J].教育科学研究，2001(7)：1.

一种谈其色变的感觉。① 也有人指出,当前中小学过重的升学压力使一线骨干教师忙于日常的教育教学而感到教科研"作用不大"。而且,一线广大教师的教科研工作处于无人指导、无人管理的状态,只有少部分人真正从教科研中受益。② 教师的"无能为力"造成研究的"无可奈何",教科研使得教师身心疲惫,乃至职业倦怠,普遍出现畏惧研究、排斥研究的心理倾向,教师研究呈现出日益功利化的现象。③

虽然人们普遍认为教师应该做教科研,但在实际开展教科研过程中,却存在一些质疑。从教师的视野来看,教师对教科研的态度非常矛盾:一方面如同研究者和学校管理者认为教师的教科研很重要,教师自身也认为教科研很重要,也表示它对促进教师发展很有意义;另一方面,许多教师却对教科研敬而远之、应付了事。有些教师不理解教科研的内涵,有些教师忙于繁杂的教学事务而无暇顾及教科研,有些教师缺少积极从事教科研的意识和态度,有些教师一边表示教科研有必要开展,另一边却在网上"抄袭"论文以应付教科研任务。

可见,中小学教师的教科研管理值得深入研究。有必要从教师的视角考察其对教科研的态度,探讨教科研存在的问题,并对教师的教科研进行反思,为促进中小学教师更好发展提供依据。

(二)教科研存在的问题反思

随着教育发展和课程改革的不断深入,进一步提升中小学教师的

---

① 韦慧民.提高小学教师科研素质的实践研究[D].桂林:广西师范大学,2003:17.
② 陈进.中学教育科研实践研究[D].上海:华东师范大学,2003:18.
③ 徐炜霞.知识与方法——"教师成为研究者"的再探寻[J].教育科学,2011,27(2):50-55.

专业素养越来越受到社会各界的关注。教科研越发被强调，它能够改善教师的知识结构和教育教学能力，对教师专业发展具有重要意义。《中小学教师职业道德规范》第四条明确指出，教师要"提高教育教学和科研水平"，中小学教师的教科研已经被上升为师德评价的标准，要求教师从事教科研似乎在"法理"层面上有了依据。

但是，研究发现，就参与调研的教师被试而言，教师对教科研的态度普遍倾向于反对或不支持。在学校调研过程中，我们通过访谈教师也发现，教师开展教科研往往是学校或上级主管部门的要求，而不是教师可以选择或自愿为之的事情。中小学教师做教科研的参与意识普遍不强，积极性普遍不高，教科研往往与教师评骨干、评职称、评优、评奖等结果性评价挂钩，缺乏关注教科研是否有益于教师发展。

有观点指出，教师教科研与奖金、评职称等事关教师自身利益的问题挂钩，在这种压力下教科研质量很难保证。[1] 而且教师认为社会对学校和教师的要求越来越高，升学压力大，加之平时的教学任务繁重，事务性工作过多，难有时间和精力查阅文献资料来开展教科研，因此，教师虽然可以认识到教科研对自身专业成长和教学的重要性，但对待教科研依然是被动、应付的心态。也有研究表明，一些中小学教师认为自己已经担负着非常繁重的教学和学生管理工作，承受着很大的社会压力，根本没有时间和精力从事教育科研，感到这只会加重自己业已十分沉重的负担。[2]

---

[1] 刘娟. 高中教师教育科学研究现状调查分析及对策[D]. 沈阳：辽宁师范大学，2008：11.

[2] 辉进宇，褚远辉. 中小学教师教育科研中存在的问题与对策[J]. 教育导刊，2005(5)：28-31.

从学校管理来看，学校过于控制教师的教科研活动，过于强调整齐划一，这可能制约了教师教科研自主性的发挥。强制或要求教师做教科研，往往使得许多中小学教师对教科研缺乏兴趣，只是被动的参加到学校或上级组织的教科研活动中，教师在教科研实施的过程中并没有发挥其积极主动性，教师并不是从教育教学实践中发现问题来进行课题研究，这致使教师的教科研缺乏实际意义，教科研的成果也很难运用到教育教学实践中。

因此，这个问题值得反思：教师为什么要做教科研？如果从根本上来看，教师做教科研是为了学生更好成长，为了更好地培养学生发展，那么，当前教师的教科研可能离这一目标还很远，或者说，远远没有实现这一目标。因为中小学仍然没有摆脱"应试"的重负，"应试"教育仍然施加于教师和学生身上，以学生考试成绩为核心的管理理念与评价方式仍然使得广大教师不得不面对过多的事务性工作，致使广大教师疲于应付，甚至产生职业倦怠。

有研究表明，除个人因素外，过多的文书工作、资源与支持的缺乏、行政管理人员的麻木以及学校管理的无效性等组织因素是造成教师职业倦怠的重要因素。[1][2] 陈明立（2007）从管理心理学视角指出，由于学校管理者较少关注教师的感情、个性特征和精神需要，在管理过程中又使用过度理性的量化管理，致使教师评价缺乏人文关怀，这

---

[1] 甘怡群等. 工作特征对农村中学教师职业倦怠的影响[J]. 心理学报，2006，38(1)，pp.92-98.

[2] Wisniewski L, Gargiulo R M. Occupational stress and burnout among special educators: A review of the literature[J]. Journal of Special Education, 1997, 31(3), pp.325-346.

些都是教师职业倦怠的主要组织管理根源。[①] 过度的职业压力和职业倦怠等问题使得许多教师很难有开展教科研的内在动力。

(三)教师要有教科研的自主性和自主权

基于以上研究结果与分析，对中小学教师的教科研提出两方面建议，希望教科研成为教师发展的契机，而不是无奈的束缚。

1. 激发和提升教师从事教科研的自主性

教科研有助于教师发展，但并不意味着教师必须要做教科研，它可能只是教师发展的充分但不必要条件。在教科研是否是教师发展的必要条件这个问题没有回答清楚之前，教科研应该是教师自主而为之的事情。如果武断地认为教科研是教师发展的必要条件，那么教科研就可能成为教师不得不做的事情，事实上，目前教科研已经成为许多教师被动而为之的事情。

在当前学校管理实践中，许多教师表现出消极的、被动的职业心态，相当一部分教师缺乏教学自主性的情况较为突出。本书第三章已对教师的教学自主性加以探讨，指出教学自主性是教师对自身主观世界或内在自我的自主，它是教师在一定社会规范和教育目的指导下，受内在动力的推动，积极调节和控制自己教学活动的心理特征。具体表现为教师主动发挥自己的能力，以积极的态度对待教育教学工作，并自觉调控自己的职业情绪和行为方式。教学自主性对教师自身专业

---

① 陈明立.教师职业倦怠的管理心理学分析[J].徐州师范大学学报(哲学社会科学版)，2007，33(3)：122-126.

发展和获得教学实效具有至关重要的意义。① 教师自主成长取决于教师"自主发展"和"自我提高"的心理需要和成就动机（朱小蔓，笪佐领，2002），② 但是，目前教师发展表现为被动性，逐渐失去了自主发展的需要和动力（王晓戎，2006）。③ 教师发展动力上的主体性迷失是教师专业发展的主要问题，解决之道在于增强教师专业发展的内在动力（黄耀红，周庆元，2007）。④ 教学自主性作为教师工作的内在动力，当其有所提高时，教师授权及其专业地位也会有所提高，而且教师必须有充分的自主性，这样才能为学生发展开出最好的"药方"。⑤

针对教师的教科研而言，当前制约教师开展教科研的一个重要内部原因就是教师的教科研自主性不足。教科研自主性是教师开展教科研的内在动力，它需要以教师对自身职业较高的认同感和价值感作为保障。简言之，一个喜欢教师工作、认为教师职业具有重要价值、愿意或乐意做教科研的教师，可能更倾向于对教科研感兴趣，甚至热爱教科研。因此，只有激发教师的教科研自主性，增强教师开展教科研的内在动力，才能引导教师从"要我做教科研"转变为"我要做教科研"和"我能做教科研"的状态，从而促进教师人力资源开发和可持续专业

---

① 姚计海，申继亮. 教师教学自主性问卷的编制与修订[J]. 心理发展与教育，2010(3)：302-307.

② 朱小蔓，笪佐领. 走综合发展之路培养自主成长型教师[J]. 课程·教材·教法，2002(1)：59-63.

③ 王晓戎. 中小学教师专业发展自主意识的应然选择与实然分析[J]. 陕西师范大学学报(哲学社会科学版)，2006，35(7)：316-317.

④ 黄耀红，周庆元. 教师专业发展的问题反思与理念重构[J]. 中国教育学刊，2007(7)：69-72，78.

⑤ Pearson L C, Moomaw W. The relationship between teacher autonomy and stress, work satisfaction, empowerment, and professionalism[J]. Educational Research Quarterly, 2005, 29(1), pp. 37-53.

发展。

2. 充分赋予教师从事教科研的自主权

如果教科研活动成为学校管理者强制教师被动而为之的事情，那么教师就缺乏应有的教科研自主权。在第四章中已经探讨了教师的教学自主权，教学自主权是教师作为专业人员能够自己决定自己的教学工作，而不是简单地执行他人的命令或要求（Helsby，1995）。① 教学自主权是实现教师专业发展的重要保障，如果教师缺乏教学自主权，过多地受到管理控制，将限制教师自身的发展。② 当前，形式化、简单化的教师管理方式严重制约着教师的教学自主权。许多新教师因为发觉自己在学校中缺乏自主权而对教学缺乏自主性，甚至缺乏自主权是教师离职的一个重要原因。③

因此，为了富有实效地开展教科研，学校管理应提倡民主参与式的教科研管理理念与方式，提倡充分地向教师授权，在从事教科研的内容、形式、过程及评价等层面，充分地授予教师教科研自主权。教科研自主权是教师从事教科研活动的外在动力。如果教师缺乏开展教科研的自主权，这往往会降低教师从事教科研的热情和兴趣，甚至致使教师对教科研产生逆反情绪。在学校管理实践中，一些教师缺乏开展教科研的自主权，也往往使得学校针对教师的教科研管理过于重形式，轻内容；重结果，轻过程。许多教师只是应付教科研任务，比

---

① Helsby, G. Teachers' Construction of professionalism in England in the 1990s[J]. Journal of Education for Teaching, 1995, 21(3), pp. 317-332.

② Scribner J P. Professional development: untangling the influence of work context on teacher learning[J]. Educational Administration Quarterly, 1999, 35(2), pp. 238-266.

③ Certo J L, Fox J E. Retaining Quality Teachers[J]. High School Journal, 2002, 86(1), pp. 57-75.

如，当学校要求教师写教科研论文时，不少教师从网络下载或抄袭文章以应付了事。可见，引导教师从事教科研应充分赋予教师教科研自主权，学校管理对教师教科研活动不必控制得过多过死，否则，教科研就容易成为教师消极被动的、应付了之的事情。

当前，针对中小学教师所提倡的行动研究也许是教师从事教科研的良好途径，但它依然需要教师提升教科研的自主性作为内在动力支持，更需要赋予教师充分的教科研自主权作为外在管理保障。

三、管理与对策：教科研是教师专业发展的有效途径

(一)教师教科研的内涵与特点

1. 中小学教师教科研的内涵

关于中小学教师教科研的内涵，长期以来一直存在一些模糊的认识，教师的教科研指的是"教学科学研究"，还是"教育科学研究"？教师的教科研与大学教育研究者的教科研是否一致？对此有必要加以明确解释。

教师的核心工作是教学，同时，教师也是学校发展的主要人力资源，教师在从事教学工作的同时，也往往从事其他教育教学与管理工作，如管理学生、参与学校教育规划、参与学校管理决策等。因此，教师的教科研应该指"教育科学研究"，其内涵在于教师运用科学的研究方法，有意识、有目的、有计划地对自身教育教学领域中的具体或微观现象及其存在的问题进行研究，旨在揭示学校教育教学中与自身工作相联系的变量的特点或规律，进而指导自身更好地开展学校教育教学实践。针对教学的"教学科学研究"是教师教科研活动中最重要、

最核心的内容。

中小学教师的教科研与大学教育研究者的教科研也有着本质的区别，以下结合中小学教师教科研的特点对此加以分析。

2. 中小学教师教科研的特点

中小学教师的教科研不同于大学教育研究者或相关教育研究机构对于中小学教育教学及管理进行的科学研究。它们在研究性质、研究问题、研究对象、研究目的、研究思路等层面上都存在很大不同。中小学教师的教科研往往立足于自身的教育教学实践活动，侧重应用研究，关注微观问题，目的在于改进教育教学实践。而大学或研究机构的教科研侧重于理论研究，关注宏观和微观问题，研究目的在于完善理论或提供宏观决策与指导，详见表8-2。

表8-2 中小学教师教科研与专门研究人员的教科研特点比较

	中小学教师的教科研	大学或研究机构的教科研
研究性质	侧重应用研究	侧重理论研究
研究问题	微观问题	宏观问题，微观问题
研究目的	改进教育教学实践	完善理论或提供宏观决策与指导
研究思路	实践—理论—实践	理论—实践—理论
研究对象	自身的教育教学活动	他人的教育教学活动
研究者	教师自身	专门研究人员
研究方式	倾向于质性研究	量化研究，质性研究，混合研究
研究心态	兴趣，追求应用价值	使命、兴趣，追求理论价值

基于对中小学教师教科研内涵与特点的基本认识，结合中小学教师的教育教学实践，我们认为中小学教师开展"行动研究"是当前教师教科研值得提倡的一种方式。行动研究是中小学教师教科研的有效方

式，也是促进教师专业发展的有效途径。

(二)行动研究：教师教科研的有效方式

从教师自我发展来看，促进教师专业发展的一种重要途径是教师积极开展行动研究。[①] 以下对行动研究的概念、特点及实施阶段加以说明。

1. 什么是行动研究

"行动研究"这一术语是个舶来品，兴起于20世纪40年代的美国。长期以来，人们习惯于称实践者从事的实践活动或实际工作为"行动"，而专业研究者、专家学者对事物规律的科学探索称为"研究"。"行动"与"研究"的长期分离，造成了理论与实践的脱离。在教育领域中，许多理论研究远离学校的教育教学实际，面对高深的理论研究成果，实践工作者常感到不知所措。作为解决"行动"与"研究"分离问题的途径，"行动研究"引入了教育领域。[②]

教师的行动研究是一种在教育教学实践活动过程中产生和进行的，由教育教学实践工作者(教师)实施，有教育理论研究工作者的共同参与和指导，以研究解决学校教育教学实际问题或现象为根本目的，以"以行动进行研究，以研究促进行动"为基本研究思路的教育教学实践研究方式或范式。行动研究提倡"教师即研究者"，教师在行为研究过程中往往扮演着核心角色，既是"行动者"，也是"研究者"。教师在教育教学过程中开展行动研究是促进教师个体专业发展的一条有

---

① 申继亮，辛涛. 教师素质论纲[M]. 北京：华艺出版社，2001.
② 申继亮. 教学反思与行动研究——教师发展之路[M]. 北京：北京师范大学出版社，2006.

效途径。

2. 教师行动研究的特点

(1) 目的性，即以解决实际问题为目的

行动研究以改善教师的教育教学质量，解决实际教育教学活动中遇到的问题为首要目的，兼顾对研究中涉及的教育教学理论进行扩充或完善。行动研究侧重对某一具体教育教学问题和情境进行多角度、多层次的观察和分析，从而"对症下药"，提出有效的解决策略或方法。

(2) 结合性，即"行动"与"研究"相结合

行动研究由教师实施，它强调教师的教育教学行为与研究相结合，将研究渗透于教育教学实践之中，这既有利于教育教学实践对相关理论的吸收和转化，促进教育教学实践的进步，也有利于教育教学理论的发展。

(3) 合作参与性，即教师与专家学者的合作

行动研究注重作为行动者的教师与专门教育研究者的合作。行动研究的主体往往是两者的协调统一。这意味着教师实践者要参与研究，专门研究者也要参与实践，并在研究和教育教学实际工作中相互协作。对于教师自身开展的行为研究而言，教师既是实践者，又是研究者。

(4) 客观真实性，即教师身处真实教育教学情境中

行动研究是在客观、真实的教育教学环境或情境中进行的，行动研究不脱离问题产生的实际情境，而是将问题的各种影响因素进行综合考虑，侧重于使用关注"现象"的质性研究方法来分析问题。这与发展心理学理论研究领域强调的"生态化运动"[1]具有一定的相似性。

---

[1] 发展心理学研究的"生态化运动"强调在现实活动或自然条件下研究个体的心理与行为及其各种因素的相互作用，从而揭示个体心理发展与变化的规律。

(5)动态性,即问题情境充满变化

行动研究是教师在教育教学行动中开展的研究,研究所依托的教育教学情境经常发生变化,具有动态发展的特点,因此,行动研究的设计与方法也经常需要根据动态情境的变化而变化。在行动研究总体目标基本稳定的情况下,根据教育教学实际情况的变化,经常需要适时调整行为研究的子目标、调整收集和分析信息或数据的方法。

(6)反思性,即研究结果反馈于实践

行动研究中教师对教育教学实际问题不断进行研究反思,做出判断和信息反馈。教师对行动研究的目的、设计及过程不断进行反思,有助于行动研究灵活地适应教育教学实际情况,有助于及时调整或改进行动研究过程,取得良好的行动研究结果。

3. 行动研究的阶段

行动研究作为一种研究的方式或范式,它的研究流程一般包括:问题提出、文献整理、设计研究方案、实施研究、收集数据或信息、分析和处理数据或信息、得出研究结论、反思研究结论、重新审视提出的问题。

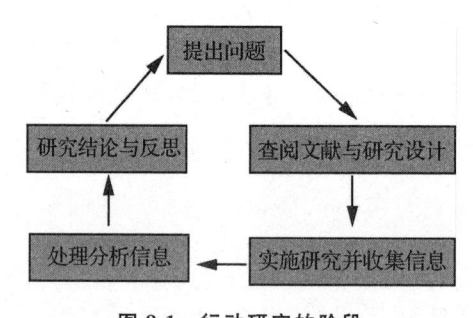

图8-1 行动研究的阶段

(1)确定研究问题

明确研究问题是行动研究的开端。教育教学领域的行动研究往往始于特定的、令人困惑的问题。明确问题是行动研究的起点，解决问题与运用是行动研究的终点。作为实践者和研究者的教师根据教育教学实践的需求，通过敏锐的观察和思考，从实际教育教学困惑中"挖掘"各种有价值的行动研究问题，在对这些问题进行分析、概括和筛选的基础上，最终确定当前要研究的问题。

(2)选择理论支撑

教师开展行动研究需要有相关教育教学理论的支撑，因此，为了顺利开展行动研究，教师需要广泛查阅和收集相关的文献资料，掌握一些国内外教育教学的基本理论，了解这些理论发展的动态和趋势，针对所提出的研究问题，根据实际教育教学情境的需要，选择相应的教育教学理论作为研究依据。

(3)制订研究计划

确定支撑行为研究的教育教学理论之后，教师要进行行动研究设计，即制订一个详细的研究计划，包括明确行动研究的目的、制订总体计划和阶段计划、选择具体收集和分析资料或数据的方法，同时预测行动研究的可能出现结果和制订应变措施或补救策略。针对一些探讨教育教学规律性的研究问题可以提出相应的研究假设。

(4)实施行动研究

教师通过教育教学实践行动，获得所需要的研究数据或信息资料，并对这些数据或信息资料加以分析与处理，以获得行动研究的结果，提炼行动研究的结论或观点。这一阶段的主要任务是实施研究并对研究结果做出分析和解释，并与同行或专家互相交流意见，深入讨论。

(5)总结与反思

这是教师行动研究从反馈到调节的重要过程。教师在对行动研究执行情况进行观察、思考和评价的基础上，对教育教学实践情况进行经验教训或规律的总结，通过对行动研究的反思来实现教育教学实践与理论的对话。这不仅可以对理论进行验证和完善，还可以指导教育教学实践，更重要的是有助于提出新的行动研究问题。

本章思考题

1. 教师教科研的内涵与特点是什么？
2. 如何激发和提升教师从事教科研的自主性？
3. 如何充分赋予教师从事教科研的自主权？
4. 什么是教师行动研究？如何鼓励和引导教师开展行动研究？

第九章　以有效沟通促进教师成长

从管理心理学的视角来看，管理的本质在沟通，校长管理教师的本质也在于校长与教师的沟通。校长要管理好教师并促进其专业发展的基本前提是充分了解教师的发展特点及状况。校长如果不了解教师，就很难有的放矢地促进教师专业发展。因此，有效管理需要校长与教师之间的充分沟通。

目前，沟通在学校管理领域越来越受到重视。校长与教师之间的沟通已经成为促进教师专业发展和学校管理改进不可或缺的内容。校长与教师作为学校组织共同体的重要成员，他们彼此之间的交流与合作对学校发展极为重要。虽然校长是学校管理的关键人物，但是学校的发展目标不能靠校长一人去实现，许多具体的学校事务也不能由校长直接完成，而是需要由教师这一学校人力资源的核心力量来完成和实现，因此，校长需要关注教师的专业成长，为教师发展着想，依靠教师的力量来推动学校发展，这不可避免地要通过校长与教师之间的有效沟通来实现。

一、案例及问题:"你不要狡辩!"

在为校长做讲座时,我经常问校长一个问题:"如果一位教师来找校长,向校长'抱怨'学校发展有这样或那样的问题,那么你觉得这对校长来说是好事,还是坏事?"许多校长都会说:"这一定是好事,这说明这位老师很关心学校发展。"但是,现实中,当教师找校长反映学校发展问题时,校长是否能真正接纳老师的"抱怨"或"牢骚"呢?

有一次,我在一所中学进行课题调研,期间我与一些教师们就学校管理存在的问题进行座谈,许多教师表示:"我们的校长只愿意听好听的,不愿意听不好听的"。比如,有一位教师觉得学校的一项管理制度不合理,就主动去找校长反映问题,他刚对校长说了几句话,校长就立刻打断他的说话,不耐烦地对教师说:"你做好自己的工作就行了。做老师要少抱怨,多工作。"这位教师感到校长对自己关注的问题并不感兴趣,觉得无话可说了,就无奈地离开了。这位教师内心里暗暗觉得校长对自己所提的问题非常冷漠,找校长反映问题是徒劳的,以后再也不去找校长反映问题了,但是教师心中的郁闷之情很久不能散去。

还有一次,有一位小学教师,打电话给我,向我哭诉校长对待她的方式让她感到非常委屈和郁闷。事情其实非常简单,这位教师上课迟到了,尽管自己也为此深感内疚,但是校长还是在大会小会上批评了她三次。她认为自己事出有因,并非故意,而受到校长如此对待,自然感到非常委屈。于是,我建议她去找校长沟通一下,把自己上课迟到的原因好好解释一下。这位教师告诉我,她就此事已经找过校长两次了,但是,自己刚一开口想做一点儿解释,校长就严厉地说:

"你不要狡辩!"校长的话语让这位教师感到非常难过,许多天过去了,心里还是感到压抑,这也影响了她的教学工作,甚至上课的时候有时也会因此事而分心。

我们可以看到,校长一句话的力量有多么大。为了促进教师发展,在管理教师的过程中,校长怎能不在意其沟通的内容和方式呢!

二、分析与讨论:校长与教师沟通的重要性

在上面的案例中,校长缺乏倾听教师心声的意识,更没有恰当地表达自己的想法,甚至还向教师传达了一些消极的信息。一位教师迟到了,心里感到内疚,希望能向校长解释自己迟到的原因,校长严厉地对老师说:"你不要狡辩!"可以想象,那位老师当时心里是何种感受。案例中的这位校长和教师之间的沟通是低效的沟通,因为教师诉说的渠道被堵住了,那位上课迟到的老师心里除了内疚之外,又增加了郁闷和烦恼。那位老师事后也应该去寻求心理咨询师的帮助,以期缓解由此引发的心理压力。

从沟通的角度来看,像"你不要狡辩"这样的说法是一种不利于心理沟通的表达方式。从如此简单的一句话语中,我们可以感受到校长在与老师沟通时,把问题的焦点放在教师身上,主要关注的是教师的错误或问题,而缺乏关注教师问题的解决,更忽视了解决问题对教师发展与成长的意义。这样的沟通并不利于取得管理实效,相反可能使得问题变得更繁杂。

(一)管理的本质就是心理沟通

面对教师发展及其出现的问题,学校管理者要注重与教师进行心

理沟通。管理是做人的心理工作，其本质就是心理沟通。对教师管理而言，管理就是校长与教师的心理沟通。管理教师就在于校长通过心理沟通，把教师追求的目标引向学校发展的目标，共同为学校发展努力。

很难想象，一个缺乏与教师心理沟通的校长能管理好学校，一个缺乏与教师心理沟通的校长能有效地促进教师获得良好的专业发展。如果校长与教师之间缺乏沟通或沟通不通畅，那么就可能导致教师这一在学校发展中具有关键作用的人力资源难以发挥应有的作用，校长与教师之间就容易形成相互牵制的关系，从而影响学校的正常运转和良好发展。

校长与教师之间的心理沟通具有重要意义。教师职业是一种培养人的工作，教师是培养学生的人，因此，用心理沟通的方式来管理教师，这本身就渗透着对教师作为教育者的尊重，有助于激发教师工作的内在动力，也有助于教师以尊重的方式对待学生。校长缺乏与教师的心理沟通，不仅可能导致对教师专业发展的贬抑，也可能导致学校管理的低效。

比如，案例中那位教师上课迟到了，主动找到校长想解释一下原因。教师刚一开口解释，校长就严厉地说："你不要狡辩！"校长用这种拒绝与教师沟通的方式来管理教师，教师今后可能不再迟到，但是它很可能带来不良的副作用。比如，那位教师从此可能以被动的心态面对教学工作，可能以消极的教学情绪面对学生，可能表现出职业倦怠。这甚至可能导致一年或两年后的某一天，这位教师突然向校长递交辞职信。校长很难想到，在当初拒绝与教师沟通的时候，就已经埋下了教师离职的种子。

因此，针对案例中的教师上课迟到一事，当教师主动找校长沟通时，如果校长能够积极倾听教师的解释，给予教师足够的尊重和理解，并向教师传达对其良好教育教学表现与发展的期待，那么这种注重心理沟通的管理方式对教师的积极影响是可想而知的。这种积极影响可能不是即刻显现，但它一定有助于教师积极地面对教育教学工作，使教师保持积极的工作心态。

每一个学校都需要拥有一支具有良好专业素质的教师队伍。学校规模越大，教师人数越多，内部的组织结构和文化特征就越复杂多样，教师之间以及教师与校长之间的管理沟通冲突就可能越多，这对校长的管理水平提出了更高要求，许多问题需要校长凭借与教师之间良好的心理沟通来化解。

因此，重视与教师沟通的校长能用心赢得教师们的众志成城，努力实现学校发展目标。而忽视与教师沟通的校长就可能使教师们的工作变得各行其是，缺乏凝聚力。

(二)什么是有效的管理沟通

沟通的基本含义是，在特定情境或背景中，两个或两个以上的人利用言语的、非言语的方式进行协商交流，以达到一致的意见或共识的过程。简单地讲，就是人们通过语言、书信、信号、电讯等方式传达想法或交换信息和意见的过程。从信息加工的视角来看，沟通是一个信息传送与反馈的过程，它的基本过程见图9-1。

校长与教师之间的沟通过程，常常是校长作为信息的发送者，教师作为信息的接受者。在本章案例中，之所以不能称其为有效的沟通，一个重要原因就在于缺乏信息接受者(教师)对信息发送者(校长)

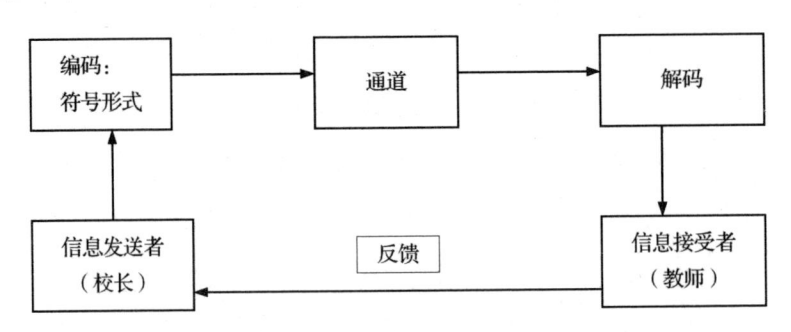

图 9-1　沟通的信息传递基本过程

的反馈环节。有效沟通的过程是信息源(信息发送者)与信息接受者之间传递和理解有效信息的过程，也就是说，校长作为信息发送者所传递的信息与接受者(教师)所理解的信息的真正含义应该是一致的。

从学校管理者与教师的沟通过程来看，有效的管理沟通要实现如下四个作用。

1. 提供决策所需要的信息

学校管理者通过与教师的沟通，要为教师提供教育教学或学生管理方面所需要的信息，以帮助教师更好地做出相应的决策，解决相应的问题。

2. 提供表达情绪、情感的机会

在一些情况下，教师与校长的沟通是教师表达压抑的内心、倾诉消极情绪的途径。在与教师沟通过程中，校长需要为教师提供有关教育教学方面的情感、情绪表达或释放的机会。

3. 激发教师的工作动力

学校管理者通过与教师的沟通，引导教师以积极的心态面对教育教学工作，提高教师工作的兴趣和信心，激发教师教育教学的动力。

4. 调控教师的教育教学行为

校长通过与教师的沟通，支持和引导教师调控自身的教育教学行为，比如，听课之后，与教师进行教学讨论，以引导教师积极改进教育教学行为。

(三)有效沟通"三字经"：听、看、说

现代社会文化对沟通的理解有了许多新的认识，越来越强调是充分地听，充分地看，充分地说。校长与教师沟通时，不妨多听听教师的心声，多看看教师的行为，然后多说说自己的想法。

> - 充分地听：校长充分地听取教师的想法、建议和意见。
> - 充分地看：校长充分地观察教师的教育教学行为。
> - 充分地说：校长充分地向教师传达自己的管理理念和想法。

1. 充分地听

教师作为学校人力资源的核心力量，对学校教育教学工作的顺利进行起着重要的支撑作用。校长作为教育教学工作的管理者，有必要充分地听取教师的想法、建议和意见，尤其在对学校发展和建设关系密切的事情或问题上，更要给教师充分的话语权。

2. 充分地看

所谓"听其言，观其行"，校长要在倾听的基础上，充分地观察教师的教育教学表现和日常工作行为，这是了解教师的状况和获取关于教师信息的重要途径。

3. 充分地说

校长要充分地向教师传达自己的管理理念与方法，这样的沟通才是一种"有来有往"的沟通。校长需要让教师清晰地了解校长关注学校事务的所思所想，这样教师才能更好地理解校长的管理目标，配合校长的管理工作。

校长要充分地听、充分地看、充分地说。所谓"充分",就是校长要多渠道、多视角、多方法地了解教师,不仅了解教师的教育教学工作,也要了解教师的个性特征;不仅通过教师本人了解教师,也要通过其他教师和学生了解教师。可以说,校长充分地了解教师是管理好教师的前提。正如教师对于学生的教育要因材施教,校长对于教师的管理也要因人而异。如果校长不了解教师的特点和情况,将增加管理的盲目性,可能导致管理的失误。

(四)开放的思维:沟通的心理前提

1. 校长要减少思维的局限性

人们的思维大多表现为常规思维,遵循一般常规的思路。事实上,每个人的认识都在不同程度上存在着局限。而学校管理工作经常充满各种各样的变化,因此,校长进行学校管理时需要具有开放的思维方式和良好的发散性思维能力。校长与教师在人格上是平等的,这是毋庸置疑的,但是校长的思维境界一定要比教师高。校长作为学校管理者一定要拥有更开阔的管理思维。

如果校长在对待教师时,思维上存在局限性,他就可能只看到教师问题的表面,而看不到问题背后的影响因素,而这些影响因素有可能通过各种途径促进或阻碍学校的有效管理和发展。比如,本章之初案例中的教师在遭到校长冷漠对待之后,心情可能非常不好,工作热情也可能随之低落。如果教师寻找各种机会来"发泄",学校管理工作就可能增添各种"麻烦",校长不得不花费更多的时间和精力去疲于应付这些莫名的"麻烦"。这不能不说是学校管理的一种内耗。

2. 做拥有开放思维的校长

校长作为学校管理者应该是一个有思想的领导者。一位优秀的校长需要有进行全局思维的能力，能够跳出学校管理的圈子看学校管理，能够站在国家教育发展与改革的大背景下审视学校教育，思考学校管理，实施学校管理活动。拥有开放的思维是校长有效进行学校管理决策的重要保障。面对纷繁复杂的学校事务，校长需要有开放的思维境界来谋求学校的有效管理和不断发展。

开放的思维，有助于校长对教育活动提出独到的见解，形成有特色的办学理念和办学思路，有助于校长积极发现学校管理中存在的不足或问题，优化学校管理过程的各个环节，不断充实学校管理理论思维的内涵，从而完善学校管理和促进学校可持续发展。

对于学校管理而言，根据不同的思维境界，我们形象地把校长比喻为"花匠"和"泥瓦匠"。拥有开放思维境界的校长是一种"花匠"式的管理者，而不是"泥瓦匠"式的管理者。"泥瓦匠"式的校长只会把学校的各种人员和力量加在一起拼接组合，而"花匠"式的校长懂得播下发展的种子孕育学校的美好未来。

三、管理与对策：以有效沟通促进教师成长

目前沟通的价值越来越受到重视，沟通已经成为组织文化的核心内容。校长与教师良好的沟通对学校管理和发展意义重大。校长作为学校的领导者，教师作为学校人力资源的核心，校长与教师之间的沟通有助于激励教师积极工作，协调学校各方力量分工协作。

（一）沟通是"以人为本"的体现

当今社会强调"以人为本"的管理理念，学校教育领域也是如此。在我们进行的一项关于校长管理理念的调研中，几乎所有校长的回答

中都谈到了"以人为本"。但是当问校长"什么是以人为本"时，却得到各不相同的回答。可见，校长对"以人为本"内涵的理解并不一致。

到底什么是以人为本呢？对于以人为本，可以从不同视角来理解它，校长可以是"本"，教师可以是"本"，学生也可以是"本"。关键在于如何认识人，如何看待人的发展目标。

针对教师管理而言，"以人为本"有一个重要特征就是校长重视与教师之间的沟通，通过沟通了解教师的发展状况，促进教师更好发展，这是以人为本的体现。

1. 学校发展决策要与教师沟通

我们经常说教师是学校的主人，从人力资源的角度来看，这是非常有道理的。有关学校如何发展的事宜怎么可能不与"主人"商量？尤其是学校发展规划与策略的制订怎么可能不与教师沟通？

学校发展规划与策略往往由学校领导层决定，但是它们的制订过程需要有教师的充分参与，需要与教师充分沟通。尤其是针对学校内部事务的决策，校长在拍板之前有必要与教师们沟通，听取教师们的想法，征求教师的意见，并把教师的想法和意见落实在学校管理策略和决策之中。

如果校长在学校决策时不与教师沟通，或是在制订决策时走过场，那么这种管理就不是以人为本的管理。比如，有位校长在制订学校发展决策时，为了做到"以人为本"，就召开了教师大会，请教师们对此决策进行举手表决。但是在大会上当校长向教师们征求意见时，问教师"不同意的请举手"。结果没有一位教师举手，于是校长立即高兴地宣布此项管理决策"全体通过"。这并不意味着教师们都同意校长的决策，事实上这所学校的许多教师并不同意校长的决策，但是他们隐忍不言。这种管理沟通方式并不是以人为本。

2. 学校教学管理要与教师沟通

在管理教学事务时，校长要做到一碗水端平有时也不是一件容易的事情。校长除了公平对待教师之外，还需要把教学管理工作做在前头，针对有关教学事务的问题，积极与教师进行沟通，让教师及时了解校长的想法，让教师有机会充分表达自己的想法。这样做更有利于校长与教师之间相互理解、达成共识，以强化共同目标。

比如，学校日常教学排课一事，就需要与教师沟通。目前多数学校在给教师安排下学期的课表时，并不与教师商量，这就是缺乏沟通，缺乏以人为本。一个教师的上课时间安排与其个性和习惯及所教的课程之间往往有着密切关系，学校管理者有必要在排课之前与教师商量。

虽然这看似是一件小事，但是它体现着对教师作为教学主体的尊重，更意味着学校管理是一种以人为本的管理。如果缺乏与教师的教学管理沟通，学校管理者单方面做出教学决策，就可能会影响教师的工作积极性。

3. 制订教师考评方案要与教师沟通

从发展性评价的角度来看，学校制订的教师考评方案不仅是为了考查教师的现状，更是为了促进教师的发展。因此，关于如何考评教师的问题，学校管理者有必要与广大教师商量，认真听取教师对评价标准、内容、方式和程序的看法，听取教师如何理解什么样的教师是好教师，什么样的课是一节好课，什么样的教案是一本好教案，等等。

对于一些教师评价问题的处理，学校管理者有必要认真听取作为当事人的教师对评价的看法，这样的管理才是以人为本的管理。比如，学校管理者准备采取检查教师教案来评价教师的教学，还是采取进课堂听课并指导的方式来评价教师的教学，哪种评价方式更有助于提升教师的教学水平，学校管理者就有必要就此与教师进行沟通，充分地听取教师作为被评价对象的所思所想，并予以高度重视。

(二)管理沟通的"RULE"法则：尊重、理解、倾听、表达

校长与教师沟通要遵循"RULE"法则。RULE 分别由尊重(Respect)、理解(Understand)、倾听(Listen attentively)、表达(Express)英文的第一个字母组成，恰恰构成了"RULE"(法则)，它强调沟通要有方法和规则。

```
R——尊重(Respect)
U——理解(Understand)
L——倾听(Listen attentively)
E——表达(Express)
```

校长与教师的沟通要遵循一定的法则。俗话说，没有规矩不成方圆，如果校长与教师沟通忽视了"RULE"法则，那么沟通也难以取得实效。这个沟通的"RULE"法则指的就是校长与教师的沟通要尊重教师的人格，理解教师的特点，倾听教师的心声，表达对教师的期待。

1. 尊重

(1)尊重是教师的基本需要

美国心理学者马斯洛(Abraham. H. Maslow)提出的需要层次理论是研究组织激励时应用比较广泛的理论。他认为人有一系列复杂的需要，按其优先次序可以排成梯式的层次，它们主要包括生理需求、安全需求、社交需求、尊重需求和自我实现需求五类，依次由较低层次

到较高层次，详见图 9-2。

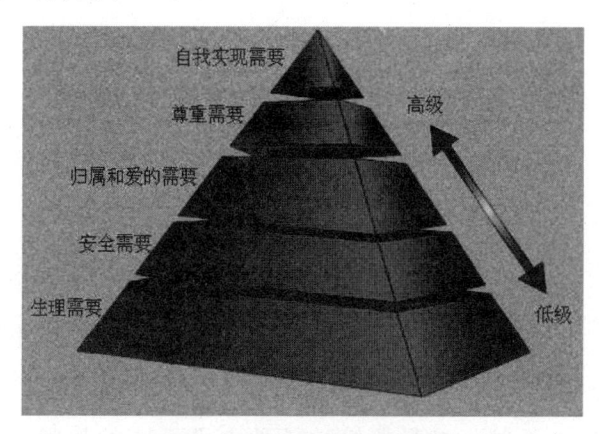

图 9-2　马斯洛的需要层次论

其中，尊重需要既包括对成就或自我价值的个人感觉，也包括他人对自己的认可与尊重。有尊重需求的人希望别人按照他们的实际形象来接受他们，并认为他们有能力，能胜任工作。

对于教师而言，尊重是教师的基本需要。每一位教师都希望得到学校管理者的尊重，获得校长的认可、关注或欣赏。如果校长对教师缺乏尊重，那么校长与教师之间就难以搭建沟通的平台，校长就可能难以了解教师的所思所想和心理状态，甚至可能使教师在学校工作中产生无助感、低自我价值感和低自我效能感。

(2)尊重有助于促进教师成长

首先，尊重是建立良好人际交往的基础。学校的良好发展离不开教师的勤奋工作，校长有必要与教师建立起积极的、良好的人际关系，而校长对教师的尊重是建立这种良好人际沟通的基础。其次，尊重使教师感受到平等、安全的氛围。校长虽然处于领导的角色和地位，但是在人格上，校长与教师是平等的，因此，校长与教师之间要形成平等的沟通氛围。校长对教师的尊重可以使教师感受到平等、促进的氛围，从而使校长与教师之间进行有效沟通，这对教师和学校发展具有积极的促进作用。最后，尊重使教师感到被接纳，获得自我价值感。校长对教师的尊重可以使教师感受到自己在学校里是重要的，感受到自己对学校发展具有重要价值和作用，体验到自己作为学校重要成员的主人翁感。

简单地讲，尊重的本质含义就是对他人的接纳。校长尊重教师就是要接纳教师，包括接纳教师的教育教学现状以及其价值观、人格和权益，并予以充分关注。不论教师的教学能力如何，教学表现如何，校长都需要接纳教师。校长要接纳教学水平不高的教师，接纳受到孤立的教师，接纳有过错的教师，接纳有严重缺点教师，接纳与自己意见不一致的教师，甚至接纳那些不尊重自己的教师。因为校长只有接纳教师，才可能发现制约教师发展的各种因素，才能从根本上促进教师教学改进和提高学校教学质量。

校长对教师的尊重往往蕴含在对待教师的一言一行和点滴小事之中。校长给教师以尊重，让教师感到校长对自己的信任，体验到自己是学校的主人，从而激发教师成长的内在动力。

2. 理解

(1) 什么是理解

简单地讲，理解就是换位思考、通情达理。正如人本主义心理学者卡尔·罗杰斯(C. R. Rogers)所指出的那样，理解力是指体验别人内心世界的能力，体会他人的内心世界，有如自己的内心世界一般。

一个人真正理解另一个人，体验到他的体验，这在实际情况中并不容易。当然，并不是说理解一个人就必须要实际体验相同的体验，我们可以试着在心理层面上加以体验，这就是所说的感同身受。如果我们能试着感受到他人的情绪、情感和思考方式，并能对其原因予以理性地分析和解释，这就是所说的通情达理。

对教师来说，很好地理解校长是有一定难度的，因为教师没有做过校长，不太容易感受到校长管理工作的特点和难处。而校长往往做过教师，大多体验过当教师的滋味，应该说校长更容易理解教师的所思所想。

在与教师沟通过程中，校长理解教师意味着校长能够从教师的角度来体验教师的情绪、情感和思维方式；意味着校长能够充分把握教师的体验以及把这些体验与教师的特点、经历、人格等相联系；意味着校长在体验教师的感受时，能够把关心和期待传递给教师，以感染教师并引导教师做出积极反馈。

(2)理解有助于教师成长

单向沟通往往使校长与教师缺乏相互理解，甚至可能导致沟通双方产生误解和误会。从本章之初的案例中，我们可以看出，校长并没有倾听教师解释迟到的原因，校长并没有给教师说话的机会。这种沟通往往称之为单向的沟通，信息从发送者(校长)传递给接收者(教师)就终止了，并没有教师进行信息反馈的过程。因此，校长并没有从教师的角度去理解迟到这一问题的原因，而是仅仅从自身的管理角度对教师加以约束和批评。这种缺乏理解的沟通方式很难收到管理实效，甚至有可能导致教师产生消极的教育教学心态。

每一位教师都有着自己的个性和特点，教师的心理与行为表现往往各不相同。校长作为学校管理者需要对教师的个性特点有所了解，这是进一步理解教师的前提，正所谓"知人"才能"善用"。因此，作为校长要积极了解教师的兴趣爱好、教学能力、工作绩效、行为方式等与教育教学工作相关的特点，也要了解教师的生活背景、教育经历、家庭状况等与学校管理相关的特点。基于教师的不同特点和情况，优化安排教师的教育教学任务，充分发挥教师对促进学校发展的作用。

要做到了解教师，校长除了可以通过一些间接渠道，更为主要的就要花时间与教师们在一起，经常与教师交流谈心，这是了解教师最直接、最真实的途径。如果教师与校长一个学期甚至一个学年都没有见过一次面，没有说过一句话，那么校长如何能了解教师呢？

(3) 换位思考：从教师的角度看问题

理解教师就需要校长换位思考，在思维层面上，设身处地把自己摆在教师的位置上，体会教师工作的难处和特点。尤其在处理教师发展过程中出现的问题或遇到的困难时，校长需要多从教师的角度分析问题，试着体会教师的所思所想。

校长与教师在学校工作中各自的职责不同，在看待学校的学生管理、教学决策、评价机制、晋级提升、课务安排等各种各样学校管理问题时，校长与教师的视角不尽相同，因此，他们之间往往需要相互增进理解。教师要多从校长的角度考虑学校问题，而校长作为学校管理者，更需要换位思考，从教师的角度考虑问题。校长应该具有一定的思维境界，而且多数校长曾经做过教师，因此校长应该更容易、更有能力准确地从教师视角看问题。

换位思考是一件说起来容易做起来难的事情，它蕴含着校长的思维方式和校长的教师观，即校长如何思考学校发展，如何看待教师，把教师视为什么样的人。

当然，值得说明的是，理解并不等于赞同教师，更不等于放弃管理。教师出现错误或问题，校长一定要予以管理，但如果校长不理解教师，这种管理是很难收到积极效果的。比如，校长可以不赞同教师上课迟到的行为，但一定要理解教师的行为，在理解的基础上向教师表明自己的立场和观点。教师感受到校长的理解，才能更好地接受校长的批评或建议，从而积极改进自身的教育教学行为。

3. 倾听

倾听是一种非言语沟通方式。校长在与教师沟通时，要了解倾听的基本特点。倾听不是被动的行为，而是主动的行为，因为倾听虽然没有说话，但是它可以传递丰富的信息。倾听要设身处地去感受，不但要听懂教师的言语，也要听出教师言语中"字里行间"的内容。倾听过程中，校长应向教师传递积极的信息，比如，通过非语言行为向教师传达"我正在认真听你说""我愿意与你沟通""我很关心你的事情"。

教师最了解学生的学业发展状况，最真实地感受着学校的管理。校长倾听教师的心声，这对教师发展具有重要意义。研究表明，在人际沟通过程中，人们倾向于花更多时间去表达，而忽视倾听的重要价值。校长与教师的沟通往往也是如此，校长出于管理工作繁忙等各种原因，常常对教师表达得多，而倾听得少。但是，倾听的重要价值不能被忽视，校长在向教师表达自己的观点之前，要先关注倾听教师的心声。

(1)倾听有助于校长了解教师

正如教师要上好课，就需要备好课，备课的一项重要内容就是"备学生"，校长要想管理好教师，也一定要"备教师"，"备教师"是管理教师的前提。倾听就是校长"备教师"的良好方式。倾听有助于校长了解教师的所思所想，了解教师的教学水平状况，了解教师对学校发展的期待和所关心的事情，从而可以获取丰富的有关教师发展的信息。如果校长的管理缺少了倾听，就难以充分了解教师的想法，校长针对教师的一些管理措施就可能偏离教师的现状，也就可能得不到教师的理解和支持。

校长倾听教师，也有助于引导教师解决教育教学中遇到的问题，促进教师更好的发展。校长与教师之间的许多沟通的冲突往往并不是因为双方意见不一致造成的，而是因为双方没有充分倾听对方的话语，进而没有充分理解对方的真实观点或想法造成的。事实上，没有充分的倾听，就难有准确的相互理解。

(2)倾听有助于调动教师的积极性

善于倾听的校长有更多的机会发现教师工作的优势或不足，从而及时采取相应的管理措施。校长在与教师沟通过程中，倾听这种沟通方式本身就是一种对教师的激励，它能让教师感受到校长对自己的重视，提高教师的自我价值感和工作自信心，从而激发教师的工作热情和教学动力。

如果校长忽视倾听的作用，教师就可能形成消极的沟通心态，认为"反正校长不在乎我说什么"。这种沟通模式一旦建立，教师就很难再向校长反映问题或倾诉心声，校长与教师之间的沟通就可能形成一种消极被动的恶性循环。

在学校管理实践中，许多校长不愿意倾听教师的诉苦或发牢骚。当教师向校长诉苦、发牢骚或抱怨时，许多校长想到的是"教师打破了学校的和谐氛围"。因为许多校长往往希望学校人际关系呈现一种其乐融融、皆大欢喜的景象，而不希望出现这样"不和谐"的状况，于是不愿意倾听教师的牢骚或抱怨。

从管理学的视角来看，校长的这种沟通方式体现着一种关注"形"

而忽视"神"的管理理念。当前学校管理在许多情况下存在"形聚而神散"的问题，而一位优秀的校长真正要追求的是教师们拥有共同的价值观这种"神聚"的管理状态。如果学校管理出现"形神兼备"的聚合状态，那是最理想的，不过"形散而神不散"也不失为一种良好的学校管理状态。

事实上，有些教师找校长沟通的目的只是倾诉，仅仅是想寻求一种被接纳的宣泄途径，一吐为快，许多教师在倾诉之后依然努力工作。校长可以给教师一些机会诉苦或发牢骚，这也是学校管理和谐氛围的表现。

(3)校长给教师充分的话语权

对于学校的教育教学管理及决策，教师要拥有充分的话语权。在与教师的沟通过程中，校长要给教师充分表达自己观点或想法的机会，教师有权利充分表达自己对问题的认识和设想。简单地说，校长要给教师说话的机会，并倾听教师的想法。

学校管理实践中，一些校长习惯于居高临下地与教师沟通交流，过于强调自己的想法，而忽视教师的想法。在许多情况下，教师往往只能成为听众，而失去应有的说话机会和权利。

校长要想真正倾听教师，首先要能够与教师建立起一种平等对话的关系，与教师进行人格平等的沟通，使每一位教师都有权利和机会成为对话者。尽管有些时候教师对问题的认识和观点有所偏颇，但他们也需要有机会与校长沟通，只有这样才能改进教师的认识，使教师理解和支持校长的管理工作。尊重教师话语权的倾听方式蕴含着校长对教师自我价值的尊重和发展潜能的激发。

当教师拥有话语权时，教师才能表达自己的意见或建议，校长才有机会倾听到教师对学校教育教学事务的看法和观点。校长在与教师的对话过程中要发展积极引导作用，避免教师处于一种消极被动的听众位置，避免校长与教师的沟通成为校长一人表演的独角戏。校长与教师关于学校如何发展的共识建立于两方相互沟通的基础之上，而不是建立在校长一厢情愿的独白之上。在学校管理实践中，校长不仅要给教师说话的机会，而且还要认真倾听教师的意见和建议，以使双方实现真正意义上的沟通。

(4)校长要通过多种渠道倾听教师

"教育大计，教师为本"，教师是学校教育发展之本，学校各种管理措施和决策的制订就不能不倾听教师的声音。校长充分倾听教师的心声正体现着"教师为本"的理念。

倾听教师声音的渠道有很多，最直接的方法就是校长直接与教师面对面的沟通，这种与教师面对面沟通的方式比较适合于学校规模不太大、教师人数不太多的学校。一方面，校长可以设定专门的沟通接待时间，比如一个星期或两个星期专门有固定时间来开放式地接待教师的来访；另一方面，校长可以根据学校管理的需要，主动找教师，询问其对学校管理问题的看法。比如，有一位优秀校长，早上一到学校，就去每一个教师办公室"巡视"一圈，与教师们见见面，聊聊天，而且每天早上都是如此。校长到教师办公室，并非检查教师们是否迟到，是否在做与学校工作无关的事情，而是看看教师们今天的精神面貌和情绪状态如何，在与教师们的"闲聊"中，校长可以了解教师们最近工作中有什么困难，了解教师们对学校各种问题的看法。校长向教师们传递的是关心和支持。教师们也表示，早上一到学校就能看到校长，觉得校长与自己很亲近，感到很温暖，而且许多不经意中向校长反映的问题，也会得到校长的重视和反馈，这无形中提升了教师的自我价值感。

如果学校规模较大，教师人数较多，那么学校可以设立一些倾听教师声音的专门人员或机构。校长有必要培训学校的中层管理者，形成相应的沟通机制，由中层管理者协助自己来倾听教师的心声。

此外，校长可以通过电子邮件、意见箱等间接方式倾听教师的声音。校长倾听教师心声的途径很多，也很丰富，各种途径都可以发挥积极的作用，关键在于校长要重视倾听的作用，而且倾听之后予以教师积极的、及时的反馈。

(5)校长要用心倾听教师的心声

人们在沟通过程中，听懂信息的难度往往比表达信息的难度更大一些，因此，人们倾向于急于表达自己的想法，而不愿倾听对方的想法。换言之，"听"比"说"更需要人们的耐心和接纳的心态，因此，做到"善于倾听"比"善于表达"的难度更大一些。

在学校管理中，校长要用心倾听教师的心声。比如，当教师主动找校长沟通，希望倾诉教育教学工作的困惑，或是希望得到校长的帮助和支持，或是就学校管理提出自己的见解和想法时，校长更要用心倾听教师的心声。

校长用心倾听决定着教师是否会用心向校长倾诉。如果校长不愿意花时间倾听教师的心声，那就可能使得教师不愿意向校长倾诉。当教师发现校长并不关注自己说什么时，就很难再次与校长沟通了，而且可能关闭与校长沟通的大门。一个缺乏倾听教师心声的校园表面上看来显得宁静而和谐，但是这种所说的"宁静而和谐"背后却可能隐藏着一些不断积累的管理"疾患"。校长在用心倾听教师的心声时，要做到专心倾听、虚心倾听、诚心倾听。

• 专心倾听

校长要专心倾听教师的心声，要向教师传递这样的信息："我在专心地听你说"。在倾听时，校长要不断地向教师传递对教师所谈话题的关注，表示对教师观点的认可和接纳。

在倾听教师的过程中，校长应把手头的事情放下，不要一边听教师谈话，一边做手头的事情。如果校长有别的事情急于处理，那么可以坦诚地告诉教师，并与教师约一个时间，到时主动与教师进行沟通。

• 虚心倾听

校长在倾听教师的话语时，态度应谦虚诚恳，给教师充分表达的时间。即使自己觉得教师所谈并不重要，但要意识到教师认为那很重要，因此不要随便打断教师说话，这对维护教师自尊心和保持积极沟通的意愿有着重要意义，对学校管理改进也非常有意义。

即使校长认为教师的思想有问题或观点不正确，也不要急于反驳教师，不要轻易下否定的结论。如果校长不赞成教师的观点，一定要听教师充分表达后，再提出自己的看法，与教师交换观点和想法，向教师提出思考建议，以求达成共识。

• 诚心倾听

校长倾听教师的时候，态度坦诚、平等相待对取得沟通的有效性意义重大。校长如果能真诚地对待教师，为教师着想，对教师所谈内容不抱有成见，并反映出校长对教师发展的重视和理解，这将有助于获得教师的信任和理解。即使教师谈话的内容不重要，或者教师所谈仅仅是找校长宣泄心中的不快，校长要意识到教师愿意与自己沟通就是学校管理和发展抱有期待和希望，因此要真诚面对，不能表现出不耐烦的神情，或者做出不耐烦的举动。

在用心倾听的过程中，校长还要注意避免出现以下问题：

- 过于维护自己的绝对权威，急于下结论。
- 轻视教师所提出的问题，态度表现得不耐烦。
- 随意打断教师的叙述，经常转移话题。
- 对教师的表现做道德正确与否的评判。
- 按照自己的想法或习惯，对教师的言行举止和价值观念等加以主观评论。
- 表现出不适当的面部表情、身体表情和言语表情。

其中，在用心倾听时，校长尤其要避免不良的表情。表情主要有面部表情、言语表情和身体表情，它由人们在社会人际交往中演化而来，反映出稳定的情绪和态度倾向。比如，在校长倾听的过程中，眼睛、眉毛、嘴所体现出的面部表情，身体姿势和手势所体现出的身体表情，音量、语调、节奏等言语表情，都反映出校长的情绪和态度，它们向教师传递着丰富的信息。

- 紧锁眉头：表示关注或疑惑
- 嘴角下翘：表示拒绝或不悦
- 搔头或搔颈：表示困惑
- 搓手、拽衣领：表示紧张
- 耸肩：表示不以为然或无可奈何
- 打哈欠：表示疲劳或厌倦
- 快速抖腿：表示紧张、不耐烦

4. 表达

(1)表达方式比表达内容更重要

校长与教师沟通时,要注意表达的方式。积极的表达方式可以增进相互理解,促进教师发展,而消极的表达方式往往导致沟通不畅。

有一个寓言叫"国王的梦":有一天国王做了一个梦,他梦见自己的牙齿一颗一颗掉光了。国王醒来后,感到非常不安,于是命大臣找来了全国最好的占卜师。这个占卜师听了国王的梦之后说:"陛下,这个梦不好啊!梦见牙齿一颗一颗掉光,这表示您的家人将会先于您而一个一个死去。"国王听后大怒,命令将占卜师关进监狱,并传令大臣再找一个占卜师来。新的占卜师来了,听了国王的梦之后说:"陛下,这个梦很好啊!您的牙齿一颗一颗掉光,这表示您将比您的所有家人活得都长。"国王非常高兴,命令赏赐。大臣十分不解,问这个占卜师:"你所说的跟前一个占卜师说的不是同一个意思吗?为什么他受罚而你受赏赐呢?"这个占卜师坦然地说:"不在于我们说了什么,而在于我们是如何说的。"

从这个耐人寻味的寓言中,我们可以看到,用两种不同方式对同样的事物做出解释时,所获得的结果却可能完全不同。在校长与教师的沟通过程中,校长"好心得不到好报"的情况往往并不在于校长表达的内容不好,而在于校长表达的方式不当。

与教师沟通过程中,校长比较关注表达的内容,而容易忽视表达的方式,但是在许多情况下,表达的方式比表达的内容更为重要。正如人们虽然常说"良药苦口利于病,忠言逆耳利于行"的道理,但是我们在制作药片时,却要在外面加一层糖衣,可见内容虽好,但也要用可以接受的方式。因此,校长与教师沟通时,"良药可口更利于病,忠言顺耳更利于行"的表达方式也许更值得采纳。校长"可口的良药"和"顺耳的忠言"也许更容易让许多教师感受到心理支持、理解和信任。

因此，校长与教师的沟通有必要避免以下一些消极的表达方式，它们会影响校长与教师的沟通质量。

· 否定、指责

当校长发现教师的问题时，有些校长喜欢否定、指责教师。经常否定、指责会使教师渐渐失去对学校工作的兴趣，降低教师的工作积极性，甚至埋下教师职业倦怠和离职的种子。

· 冷淡、拒绝

当教师向校长寻求支持或帮助时，校长冷淡地对教师说"这与我无关"或"我没空"，沟通也许就会随之中断了。即使校长不能满足教师针对教育教学工作提出的一些要求，但校长可以接纳教师提出的建议或意见。如果校长正忙于一件急事，可以换个方式告诉教师"我很想帮你，可我现在真的很忙，忙过之后我一定找你"。

· 讽刺、抱怨

讽刺、抱怨教师也是一种为沟通设置壁垒的做法。讽刺、抱怨也许是出于校长对教师的过高期待，但由于对教师过高的期待，产生了"恨铁不成钢"的情绪。然而当教师做错事情时，校长讽刺、抱怨教师，不仅难以解决问题，反而容易激起教师的逆反情绪。

· 轻视、贬低

轻视、贬低的表达方式背后往往渗透着校长对教师发展不抱多大期望，这种信息传递给教师，会增加教师的无助感和被轻视感，不利于校长与教师之间的有效沟通。

(2) 多一些积极评价：赞美、鼓励

教师作为成年人也需要赞美和鼓励，校长在与教师沟通时，应多采用一些积极的评价方式，真诚地赞美和鼓励就是两种简单有效的积极评价方式。

• 真诚的赞美

赞美是对教师已经实施的教育教学行为的一种积极评价。但是，有一位校长向我提出这样一个问题："我在学校管理中经常赞美教师，但是为什么没有激励作用呢？"在与校长深入交流之后，我发现问题并不出在赞美本身，而是缺乏考虑教师能力及其工作任务的特点。

校长对教师的赞美是否收到良好的效果，需要充分考虑两个因素：一是教师的能力；二是教师所完成任务的难度。如果一位教师的教学能力很高，完成一些简单的教学任务就不必赞美教师，正如一个教师计算10以内的加法，正确完成后，赞美他"真聪明"，他会有什么感受呢？而当一位教师完成了非常难的教学任务，即使没有完成得很好，也可以给予赞美。

• 真诚的鼓励

鼓励是对教师将要面临或从事的教育教学活动的一种正面评价和积极暗示。人们相互表达祝愿时经常说"祝你成功""祝心想事成"等，就是一种鼓励的话语，它表达着人们对将来成功的期待。当一位教师在上公开课之前显得非常紧张，校长如果微笑地对教师说，"努力准备吧，相信你的能力"，这可能会让教师感受到极大的鼓舞。

有些校长错误地认为教师是成年人，不需要赞美和鼓励。其实，赞美和鼓励不是小孩子的专利，成年人也需要赞美和鼓励。比如，一个一岁的婴儿学走路时常会摔跤，父母总是会鼓励孩子重新站起来，当孩子有一点儿进步时，父母就非常欣喜地赞美孩子："你真棒！"有谁见过，父母看到自己一岁的孩子学习走路摔倒后，就对孩子说："你还走路干什么？你这辈子算完了！"但是，当孩子逐渐长大后，许多父母对孩子的赞美和鼓励越来越少，一个原因就在于父母过高的期待导致越来越不宽容孩子的错误或失败。可见，人们都会赞美和鼓励，只是不愿意给予。

因此，校长对教师应保持合理的期待，对教师的错误或失败多一些宽容和接纳，多一些赞美和鼓励，这有助于激发教师的工作热情，树立教师的教学信心，对教师的教育教学也具有积极作用。

（3）表达内心的感受

当校长面对教师出现的问题与教师沟通时，尤其当校长与教师的沟通出现冲突时，有一种积极的表达方式，就是"表达内心的感受"。这种表达方式强调，当校长发现教师的教育教学出现问题或错误时，校长不要把焦点放在教师的问题或错误上面，不要抱怨或指责，而要把焦点放在表达自己内心的感受上。

事实上，每一位教师对自己的教育教学问题或错误都有一定的自知力，都对自己的行为和发展状况有所自知。因此，校长并不必通过消极的情绪表达来告诉教师"什么是对，什么是错"，消极的情绪表达往往并不能引导教师发现自己的问题根源。比如，面对教师失败的公开课，与其指责教师"你怎么搞的？这课太糟糕了！"不如关注内心的感受，告诉教师："我也感到有点儿遗憾，下次努力吧！"

在校长与教师沟通时，校长不必过多评价教师的错误表现。指责、抱怨教师的问题或错误并不利于解决问题。这些消极的表达方式可能会打消教师的自信心，疏离校长与教师的感情，甚至导致其关系紧张。校长要善于表达自己内心的感受，这更有助于激发老师更好地自我反思，从而自觉改善和调整其教育教学行为。

本章思考题

1. 如何理解与教师沟通的重要性？
2. 如何理解管理的本质就是心理沟通？
3. 在学校管理实践中，校长如何有效地与教师沟通？

第十章　教师职业道德的建构与提升

　　只要有合格的或基准的道德，就可以当教师吗？换言之，教师一定要高尚吗？提出这个问题，其实并非轻视教师的职业道德及其对学生培养的作用，而是想引起人们对师德的再认识。有观点认为，我们不必以高尚的师德规范来要求教师，而应该建立一种合格的或基准的师德标准，比如，教师要"爱岗敬业"就是一种高尚道德，而不是一种合格道德。如果一位教师能"尊岗重业"，就是达到合格道德的标准；如果一个教师能"爱岗敬业"，就是符合高尚道德的标准。

　　从社会的角度来看，具有符合社会基本标准的道德品质是社会对每一个人的要求，这种要求是一视同仁的，因此，是否可以对教师职业提出一种高尚的道德要求呢？对此观点，本章将深入探讨。

一、案例及问题：师德，一顶光彩夺目的高帽？

　　教师的天职在于教书育人，教师职业道德对学生发展及社会进步具有重要价值。然而，当前社会对教师职业道德的认识可能存在偏差，许多中小学教师面对社会对师德的高标准要求，感受着由此引发的巨大压力。

一位小学教师面对"当前教师遭遇的束缚"写道:"身为教师,我常常在沉重而脆弱的生存状态中梦想着突围,憧憬着心灵的解放。兴许正是还有这份疼痛的坚守,还有这份挚爱教育的真诚,我才决定以一种真实的目光投向当前教育的真实,尔后用真实的语言解读教师所承受的束缚,给我以及与我一样爱着、恨着、忍受着、麻木着、迷茫着、怨恨着的教师们送去一些理性的思考与碰撞,给被束缚的心灵一次美丽的悸动……"

"师德,一顶光彩夺目的高帽"[①]

提到"师德",我们听得多的可能就是文件报纸,用得多的可能就是每年必填的年度考核表。在考核表上表述的师德,我们必须承认多数时候是笔上生花,用的几乎都是冠冕堂皇的泛泛词汇,诸如"热爱"与"忠诚"就是里面必用的字眼。尽管大家心知肚明,这样的总结仅仅只是一种形式,也很清楚美丽词汇所表述的并不是自己真实的思想,但我们还是得贴上伪崇高的标签,把师德放大成一顶高帽戴在头上。正如我们知道作为普通教师根本承受不起"人类灵魂的工程师"的雅号,也根本不相信"教师是太阳底下最光辉的职业",也根本达不到"一身清贫,两袖清风""捧着一颗心来,不带半根草去""点燃自己,照亮别人""春蚕到死""蜡炬成灰"等光彩夺目的圣贤境界,但我们还是得默默地接受着"朝拜",将这些遥不可及的教师"光彩"点缀在评优争先的"文字工程"之中。

兴许就是这"假""大""空"高帽式师德的引领,我们的教师就失去

---

① 摘自:人民网,教育大家谈:当前教师遭遇的十大束缚解读.

了贴近生活的道德感召。面对经济大潮的冲击，功利物欲的横行，粗俗虚假的泛滥，教育产业化的推进，脆弱而标榜的"师德"当然就不堪一击，于是乎"人在曹营心在汉"——缺乏事业心，"做一天和尚撞一天钟"——缺乏进取心，"对待学生冷漠无情"——缺乏热情与爱心，"经不起金钱的诱惑"——物欲熏心，"师表意识淡薄"——形象扭曲等有悖教师职业道义的反师德倾向就膨胀开来。乱收费、伪科研、兽行教师、走穴投机、学术腐败、教育暴利等有关教育的"新鲜"名词相继粉墨登场，让学校这块净土遭遇重度污染，使教师的生活在商业色彩的诱惑下负重前行，导致精神家园的裂变，在丢掉了心理的安全与自由后成为心理疾病的"高危"人群。当前，青少年的思想道德品质严重滑坡，其实就是跟普通教师遭遇的空洞、脱离生活实际、缺乏真正体验的道德引领同出一辙的恶性循环。

要走出当前的困境，让高帽式的师德不再束缚教师的心灵，使"坚持真理，为人正直；坚守情操，拒绝庸俗；乐观开朗，兴趣广泛；平和宽容，善于自制"的为师素养深入人心，焕发其生命的活力，最重要的就是要关注教师的生活，尽可能地净化、改善教师的生存空间，引领教师在实践中积累情感体验，在思想上善于自我激励，在见识上博采众家之长，在前进中磨炼、修养毅力，从而使教师之善、教师公正、教师责任等德性自然而然地融入教师的真实生活，在感受着师德带来的敬业乐教的愉悦中，自主建构起一份有意义的人生职业操守。

二、分析与讨论：教师应具备怎样的职业道德？

(一)社会对教师职业道德要求太高了吗？

毋庸置疑，良好的教师职业道德具有重要的教育意义和社会价值，但是上面案例中的那位教师对师德的现实拷问，不禁让人既感慨又深思：社会对教师的职业道德要求太高了吗？师德难道真的是教师的一顶光彩夺目的高帽吗？

我们都见过，许多学校有这样的标语："百年大计，教育为本；教育大计，教师为本"。也许正是因为教师这个职业对社会发展起着至关重要的作用，社会才把教师推上了圣人的宝座，对教师职业道德提出了各种高标准的要求。

教师职业是我们这个社会发展非常重要的、核心的支柱之一，因此，人们对教师有着不一般的价值期望，期待这一职业能更好、更完善地为社会服务。由于期望值过高，当师德表现得不那么高尚时，就难以得到人们的宽容和理解。当有的教师出现职业道德的问题时，就更容易遭到社会各界的批评、指责和贬损。

然而，教师首先是一个社会人，是与社会中其他职业群体没有本质区别的社会中的普通一员。从这种角度来看，教师虽然被置于圣人的宝座上，但是教师所感受到的可能并不是神圣，而是束缚和坐立不安。

(二)教师职业道德的价值分析

1. 教师的职业使命

教师在学生发展过程中有着不可替代的作用，尤其是教师良好的职业道德对培养学生良好的道德及各方面的发展有着不可替代的作用。从古至今，教师的作用不仅在于向学生传递知识，培养学生能力，更重要的在于承担社会文明传承的责任。正如《师说》中所言，"古之学者必有师，师者，所以传道、授业、解惑也"，传道被放在首要位置。现代社会对教师职责的解释不断深化和丰富，但是重视教师职业道德培养仍然放在非常重要的位置上。启发学生的道德，启迪学生的智慧，培养德才兼备的人才是教师的职业使命。如果一个人选择了从事教师这一职业，那么他就必须承接起这份社会赋予教师的职业使命。

2. 合格的师德是培养学生的必要条件

从教师的职业使命可以发现，教师要培养学生良好的道德，自身必须具有良好的职业道德。虽然教师是学生发展的重要影响因素，但是教师并不是学生发展的唯一影响因素，家庭和其他社会因素也影响着学生的发展。虽然教师具备良好的职业道德不一定能决定学生发展的方向，但是教师一定会是学生发展方向的重要调节者。换句话说，如果教师缺乏职业道德，那么对学生发展的消极影响一定是非常显著的。因此，教师具有合格的职业道德是培养学生的必要条件。

3. 高尚的师德对学生具有促进作用

《论语》所言"正人先正己"，教师职业决定了教师自然而然地成为学生的榜样和表率，即为人师表。虽然教师可能不是学生学习的唯一榜样，但是教师这一榜样对学生良好发展的重要作用是不言而喻的。因为教师的职业道德自然而然地对学生的言行有着潜移默化、长远深刻影响的作用，这种作用常常是在教师的一言一行中不知不觉地影响着学生。因此，教师具有高尚的师德更有助于学生的良好发展。

(三)教师职业道德的基本内涵

1. 法律：教师职业道德的底线

一般说来，法律所约束的行为是道德所谴责的行为，而道德所谴责的行为却不一定受法律所约束。遵守法律是教师职业道德的底线。

法律与道德的规范约束力量不同。法律是以国家强制力量作为保障，而道德是一种社会心理契约，它要靠人们自觉遵守，所以道德的约束力比法律弱很多，它主要靠社会舆论来实现道德约束，更要依靠人的心灵境界来实现道德。

法律与道德的形成过程也有所不同，法律是由国家制定的，它代表着国家权利者的利益，是管理国家的权力工具；而道德是基于人们的共同信仰在生活中逐步确立的社会规则，它是人们在生活中相互关系的利益体现。

道德并不具备法律的功效，不存在终极的、具有法律功效的道德。如果道德具有了法律功能，那么必然是社会的道德与法律结合而形成了新的法律，那种道德也就不是纯粹的道德，而是升华为了法律。可以说，法律往往把道德当作自己的目标或追求。

对于教师而言，所应遵守的职业道德与其作为社会公民所应遵守的法律之间也存在以上所分析的道德与法律之间的关系。我们提倡教师职业道德，它的最基本的底线就是教师是一个遵纪守法的公民。与教师相关的法律必然服从于国家宪法等基本法律，教师当然要遵守国家的各项基本法律。遵守法律是对一位教师职业道德的最低要求。如果教师违反法律，教师职业道德就无从谈起。

因此，教师职业道德的相关规定不能与国家法律混淆，更不能超越法律。国家已经制定了各种具有强制性的法律，教师作为社会人不可回避要遵守这些法律。我国《教师法》规定，教师应当履行"遵守宪法、法律和职业道德"的义务。因此，一些关于中小学教师的职业道德规范，就不必再对教师职业道德提出法律意义上的要求。比如，某地教委制定了《关于实施〈中小学教师职业道德规范〉的若干规定》，要求教师"不准散布违背四项基本原则的言论；不准玩忽职守、贻误工作；不准贪污、盗窃、行贿、受贿、索拿卡要或者利用职权为自己和他人谋取私利；不准参与或者支持色情、吸毒、迷信、赌博等活动；不准调戏妇女、玩弄异性、卖淫嫖娼；不准侮辱、猥亵、调戏、奸淫女生……"这些都对法律与道德的混淆，把法律规定的要求列入职业道德规范是不科学的，也是不必要的。

强调遵守法律是教师职业道德的底线，旨在阐明两者之间的关系，并不在于希望把教师职业道德水平停留或降低至法律层面上。教师在遵守法律的基础上，还要不断努力提升自身的职业道德水平。

2. 社会公德：**教师职业道德的基本内容**

教师首先是一个社会人，其次才是具有教书育人功能的职业人。因此，教师职业道德的基本内容要符合社会公共道德要求。根据我国《公民道德建设实施纲要》的规范要求，社会公德的主要内容概括而言就是"文明礼貌、助人为乐、爱护公物、保护环境、遵纪守法"。

一个人的社会道德往往主要是在家庭和学校的道德教育影响下形成的，它不仅受社会条件的制约，也受个体心理特点的影响。社会道德不仅仅体现在人的认识层面，更重要的是体现在行为层面。良好的社会道德风尚反映人们普遍遵守道德规范时的心理与行为特点，它是这个社会多数人的认识与行为的统一，即言行一致、表里如一。从社会心理层面来看，人的道德是道德认识、道德情感与道德行为的统一。

(1)道德认识

道德认识是人们对一定社会道德关系及其理论、原则、规范及其意义的理解和认识，是人们的认识过程在道德上的表现，它包括道德概念和道德判断。人们对社会道德规范的认识不但意味着懂得应该怎样做，而且明确为什么这样做。简单地说，道德认识就是对于行为的是非、好坏、善恶及其意义的认识。

深刻的、稳定的道德认识构成了人们的道德原则和信念，运用这些原则和信念，人们可以有效地做出是非、善恶、美丑的道德判断。道德信念是道德认识的高级形式，它是道德认识成为指导个人行动的基本原则。

道德认识是道德情感和道德行为的先导，是形成道德品质的基本要素。目前关于人的认知的研究发现，人的认识和观念有内隐和外显之分，两者通常是一致的，但是有时也可能分离。因此，我们在看待一个人是否道德高尚时，往往并不简单地看他的"言"，更关注他的"行"。

(2)道德情感

所谓"知之深、爱之切"，道德情感是建立在对事物的认识的基础之上的，它是人的道德认识是否得到印证而引起的一种内心体验，也就是人们在心理上产生的对某种道德义务的情感体验，这种情感体验具有积极和消极之分。

一般来说，当在现实生活中的道德现象符合一个人的道德认识或信念时，就会产生积极的道德情感体验；反之，就会产生消极的道德情感体验。道德情感对一个人的道德行为具有推动作用，它能使人们认识和反思自己的道德认识和行为。

(3) 道德行为

道德行为是在道德认识和道德情感支配之下所采取的行动，是人们的内在道德心理成分的外部标志和具体表现。道德行为是一个人发挥道德认识和情感，克服困难，实现一定道德目的的过程。良好的道德认识和情感使人们能够坚定内心的道德信念和目标，表现出积极的道德行为。反过来，道德行为对道德认识和道德情感也具有一定的强化作用。

道德行为主要包括道德行为方式和道德行为习惯。道德行为方式是通过教育引导，并在实践中学习而掌握的道德行为技能；而道德行为习惯则是一种稳定的、自动化的道德行为。道德行为是一个人道德水平的重要标志，判断一个人的道德水平如何，不仅要看他的言语是否道德，最关键的是要看他的行为是否道德。

整体看来，道德认识、道德情感、道德行为之间相互联系、相互调节，其中道德认识和道德情感居于基础地位，当一个人形成稳定而深刻的道德认识和道德情感时，它们就成为推动人产生道德行为的内部动力。道德信念是道德认识的高级形式，良好的道德信念可以使一个人表现出良好的道德行为。

良好道德形成的开端在于道德认识和信念。在道德发展的过程中，道德认识、情感和行为在相互作用之中获得相应的发展，如果它们的发展不协调，致使某一成分有所偏离，就会相互削弱，阻碍良好道德的形成。如果缺乏道德认识，那么道德情感就可能变得盲目；如果缺乏道德情感体验，道德行为就可能失去推动力量；如果没有良好的道德行为，道德认识和信念就会成为空谈。

社会道德规范是在人们所处的社会文化和教育培养下形成的，是在人际交往过程中不断被强化的。在这一过程中，通过大量的社会道德实践，人们的道德认识、情感与行为之间形成了稳定的联系，并力求"知"与"行"协调统一发展。在这种情况下，社会的道德规范就内化为个人行动的指南，成为个人的道德信念、情感和行为的具体内涵，这是社会道德形成的心理实质。

简单地讲，一个人形成良好的社会道德，需要具有以下一些基本条件：

(1)充分掌握的道德知识，形成积极正确的道德认识。

(2)在道德实践中，获得与道德知识相符合的道德体验。道德实践使外在的道德知识转化成内在的道德认识和信念。如果道德知识与道德实践的结果不一致，就可能造成道德认识的混乱。

(3)通过道德实践培养道德情感。道德情感是道德认识转化为道德信念的催化剂，而且道德情感的强烈程度也会影响道德行为的坚定性。

教师作为社会人的性质决定了教师必然要遵守社会公共道德，教师是社会公德的坚守者。教师是社会道德认识、道德情感和道德行为的统一者。遵守社会公德是教师职业道德的基本内容。

三、管理与对策：正确认识并提升教师职业道德

(一)认识教师的职业道德规范

2008年9月1日新修订的《中小学教师职业道德规范》对师德做出

了一些新的诠释，从中可以看出对师德的一些新的认识和理解。2008年6月，教育部公布了《中小学教师职业道德规范（征求意见稿）》，在全国范围内公开征求意见，其中增加"保护学生安全"等表述，引发热议。许多人认为新师德规范写入这些内容更明确了教师的职责，丰富了教师职业道德的内容。

但也有人指出，师德规范在操作层面上仍然缺乏明确的界定。比如，在新规范中，"保护学生"的含义并没有明确界定，缺乏操作性。如果"保护学生"界定为："在发生灾难性事件时，教师要先疏散学生，必须最后离开教室。"那么我们就可以准确认定灾难时刻先跑的教师的职业道德不合格（当然这种规定是否合理，也值得讨论）。但是，如果师德规范中没有对"保护学生"做出明确界定，那么就很难做出评判。再比如，在"热爱学生"条目下，新师德规范修改成"对学生严慈相济，做学生的良师益友"。但是，什么是"严慈相济"？什么是"良师益友"？对于这些重要概念缺乏明确界定，也缺乏操作性指标，这在很大程度上增加了教师职业道德的模糊性，给教师严格履行相应的职业道德带来难度。

而且，当前师德的内涵，有许多是高尚道德的标准，而不是合格道德的标准，在学校实践中，它可能成为教师向往的目标，却不是广大教师能达到的状态。因此，中小学教师职业道德规范内涵仍有待进一步明确，其内容有待于具体化和操作化。这有助于教师了解师德内涵，切实遵守职业道德，对提升教师职业道德有着实质性的意义。

(二)爱心与责任感——教师职业道德的核心

1. 爱心：师德的感性内涵

宏观来看，教师的爱心体现在教师对职业的爱、对学校的爱、对学生的爱以及对自身的爱。对学生的爱是教师爱心的核心内容。师爱的根本含义在于为学生着想，并努力促进学生发展。学校教育因为教师对学生的爱心而精彩。

当然，这里有必要澄清教师对学生的爱心的内涵。教师对学生的爱心不应是那种不求回报的奉献，教师的爱心需要有物质和精神的回报。教师对学生的爱心更不能以损害自己的身体健康和忽视自己家人的亲情为代价。教师对学生的爱心要以促进学生良好发展为方向，特别要注重培养学生的爱心，此所谓"以爱育爱"，学生的爱心会成为对教师爱心的回报，这同时也会激励教师更多地关爱学生。

在学校教育中，许多教师对学生的爱心是真正为了学生发展，学生在师爱的哺育下茁壮成长。但也有一些教师对学生的爱并不是真正的爱，有的教师表面上是为了学生发展，然而实质上是为了自己。也许有些人并不接受这种说法，教师为学生发展费尽心力，怎么是为了自己呢？为了回答这个问题，让我们先来看一看下面的问题："教师为何希望学生举手发言？"。

教师为何希望学生举手发言？

一次听课之后，我到讲台前与上课的教师进行讨论，还有几位教师也参加讨论。这位上课的教师向我提出一个问题："课堂上，许多学生都举手发言，但是，有一个学生上课总是不举手提问，也不举手回答问题，怎么办呢？"

我问道："这个学生有没有言语问题或言语障碍？"

教师说："没有，他平时与同学说话很好。"

对于一个小学生而言，如果他上课不举手提问或回答问题是一种错误或问题吗？它会对学生发展有什么不利影响吗？于是我进而问这位教师："你为什么要让这个学生像别的同学一样上课要举手发言呢？"

教师说："他不回答问题，我就觉得他可能没有理解上课讲的内容。"

我问道："你认为每个同学都应该理解你所讲的内容，是吗？"

教师回答："当然是的，每个同学都应该理解，不是说'不让每一个学生掉队'嘛！"

我又问："为什么不让每一个学生掉队呢？"

教师说："他掉队了，整个班级的考试成绩就会受影响了。"

我问道："班级的考试成绩受影响了，会有什么后果吗？"

教师说："当然会有的，现在都是统考，学生考试成绩不好，会影响学校对教师的考评，也会影响教育局对学校的考评，而且教师自己也不好看。"

我问道："那让我们分析一下，实际上，你关心的是考试成绩，还是学生不举手发言呢？"

教师稍加思考说："两个方面都关心。"

我又问道："假如教育局取消了统考，学校从今天开始不参加统考了，您还会这样关心学生上课不举手吗？"

这位教师笑了一下，没有说话。这时，旁边一位教师说："可能就不会那么关心了。"

从根本上讲，这位教师由于评价机制的束缚，出于关注考试成绩而关心学生是否上课发言，这并不是说他缺乏爱心，但是如果教师不从学生的角度看待问题，就难以采取真正为了学生发展的教育方式。如果教师出于各种原因只考虑自己对学生的要求和期待，而不考虑学生的心理需求和发展规律时，那么教师的爱心就可能被扭曲。

(1)体罚学生是爱心的体现吗？

在我国传统的私塾教育中，教书先生用戒尺打学生的手掌，期望学生以后引以为戒，似乎教育效果很好。但是在现代社会的学校教育中，对体罚的认识有所不同，体罚被法律禁止，因为它有损于学生的身心发展。但是在当今的学校中，仍然有教师体罚学生的现象，并且有的教师常常以"爱心"的名义体罚学生，这不能不令人深思。

体罚在旧时私塾中可能是一种爱心的体现，但是随着社会进步，人们对体罚有了新的认识。在现代学校教育中，教师体罚学生并不是爱心的体现，而时常成为教师满足自身需求和实现"应试"教育目的的手段。在我国《教师法》中已经明确规定：教师不可以体罚或变相体罚学生。

(2)惩罚学生是教师爱心的体现吗？

惩罚与体罚有着本质不同。惩罚学生是教育者为了引导和促进学生良好发展，在理性调控的情绪状态下，对学生不符合要求或规范的行为施以符合其发展规律的告诫或处罚。它与体罚学生有着本质的区别。

首先，教育惩罚的目的在于改正学生的错误和引导学生的行为，促进其良好发展，而不是伤害或阻碍学生身心发展。因此，教育惩罚不同于违背学生发展规律、有损学生身心健康的体罚或变相体罚。

其次，教育惩罚要求教育者在实施惩罚的过程中要理性调控其情绪或情感。如果教育者做不到这一点，就不能够惩罚学生。教育者以非理性或情绪化的方式惩罚学生，往往会导致惩罚过度或惩罚不当，惩罚就可能退变为体罚或"心罚"，难以实现教育惩罚的目的。

最后，教育惩罚的方式要符合教育教学规律和学生身心发展的特点。教育惩罚取得实效的关键在于它根据学生的身心发展特点加以实施，这也是教育惩罚之所以具有合理性的根本所在。

人的发展关键在于其内在自我推动力。这种内在推动力可以通过外在推动力来激发和培养。从本质上讲，教育惩罚是通过外界力量使学生的心理或行为发生某种改变。在中小学教育阶段，尤其小学阶段，学生内在动力和自我控制能力发展并不成熟，难以完全依靠内在力量来调控自我的认识与行为，还需要外在力量来加以引导和支持。教育惩罚作为引导学生发展的外在力量，它既是教育者管理学生的有力保障，也是学生自身发展的需要。合理地使用教育惩罚将有助于促进学生发展并激发和培养学生的内在动力。因此，教育惩罚不是目的，而是促进学生发展的手段，它是教师爱心的体现。

2.责任感：师德的理性内涵

教师的爱心是一种感性的力量，对学生发展具有重要作用，它需要教师的责任感这一理性的力量加以配合，以更好实现学生发展的教育目标。教师的责任感也是其职业道德的核心内容。

(1)教师职业的责任使命

教师职业被赋予培育人才的责任。从宏观来看，教师的责任是社会发展所赋予的，教师职业具有促进社会发展的使命，这种使命体现于教师按照社会的期望来培养学生。从微观来看，教师的责任是学校赋予的，教师有责任引导学生获得良好发展。

教师的责任蕴含于其教育教学行为之中，简单地说，教师的责任就是教师分内的事情。什么是"分内的事情"呢？分内的事情就是教师职业本身所固有的培养学生发展的责任，作为一位教师就必须为学生发展负有相应的责任。

(2)责任感是促进学生发展的理性力量

教师的责任感是对其所从事的职业应当肩负责任的认识与理解。教师的责任感是教师对自身职业责任的接受和自我要求。当一个教师认可和接受自身的职业责任时，才会形成相应的责任感，才会履行其所认可和接受的责任。

作为一名合格公民，要对社会发展有基本的责任感。作为一名合格的教师，要对学生发展有基本的责任感，每一位教师不可回避地肩负着培养学生成长的社会责任。教师的责任感使其职业对社会发展有重要的作用，同时，教师的责任感使其对学生发展具有积极的教育力量。

(3)教师对学生的责任是有限度的

学校和家庭都对学生的良好发展负有责任。在家庭中，父母是孩子的"第一任教师"，是孩子的启蒙者，对孩子品行培养具有重要作用。在学校里，教师就是学生学习与发展的主要指导者。

但是，目前两者责任有些模糊，一些本应家长承担的责任转移给了教师，使得家庭教育责任有所缺失。在许多情况下，教师不仅对学生承担了学校教育应该负有的责任，也承担了本应由家庭承担的教养和监护责任。近年来，农村"留守儿童"和"打工子弟学生"引起社会广泛关注，这些学生出现的一些问题就是家庭教育责任缺失或转移的集中体现。

简单而言，教育的目的在于培养德才兼备的人才，学校与家庭应具有不同的教育责任。家长应主要负责培养"德"，对孩子的品德与个性发展负主要责任，教师主要负责培养"才"，对学生的学业发展或才能培养负主要责任。同时，教师应兼顾学生的品德教育，家长应兼顾孩子的学业发展。这就是家校合作的现实依据，家庭教育与学校教育要各负其责，相互支持。

对教师而言，其责任应该是教师职责范围内的责任。如果教师的责任被扩大化，这不仅不利于加强教师的责任感，反而容易因压力过大引起教师逆反和消沉，降低或弱化教师的责任感。

(三)"应试教育"下的师德建设误区

改革开放以来，我国学校教育事业取得了巨大发展，但是整体而言，作为一个发展中国家，我国的学校教育水平仍然不高，教育仍然存在许多亟待解决的问题。其中一个严重的问题就是"应试教育"。尽管多年来我们一直呼唤素质教育，但是，正如一位教师所言，"学校在高举着素质教育的大旗之下，轰轰烈烈地搞着'应试教育'。"

诚然，"应试教育"的根源在于：整体而言，我国从基础教育到大学教育，在硬件和软件方面都很落后，中小学校的优质师资力量和学校设施不足，尤其是大学数量不够、质量不高；而我国有着数以亿计的适龄受教育人口，而且人人都想进入优质的小学、中学和大学。在这种背景下，考试就似乎成为解决这一难题的简单而有效的途径。

"应试教育"是单纯争取高分和片面追求升学率的一种教育，教师的教学目标就是为了使学生得到更高的考试分数。"应试教育"偏离了人的发展和社会发展的实际需要，违背了我国《义务教育法》的基本规定，也偏离了我国的教育方针和教育目的。但是，目前许多中小学校在不同程度上仍然存在着单纯地、片面地追求考试分数和升学率的情况，而且社会（尤其是家长）也以升学率的高低来评价学校的质量好坏和教师素质的高低。这不能不令人深思和忧虑。

那么，"应试教育"与教师职业道德有什么关系呢？让我们先来看一件发生在学校中的事情。

低分学生不能参加高考吗？

我曾去一所中学给家长们做讲座，在我做完讲座准备离开的时候，一名与家长一起听讲座的高三学生来找我，请我帮他一个忙。他告诉我，学校不允许他参加即将进行的高考，他希望我能帮助他参加高考。

我听到学校不允许他参加高考，第一反应就是他是不是犯了严重的错误或是其他什么特殊原因。但是，他告诉我因为几次考前摸底考试他考得不好，最近的一次摸底考试只考了80分，因此学校不让他参加高考，班主任教师已正式通知了他的家长。

他说的考了80分，是几门功课加起来的总分。这样的分数的确有些令人很难相信他会考上大学。但是，他告诉我，虽然自己的摸底考试考得不好，但是自己还是想参加高考。

的确，参加高考是他的权利，学校不能剥夺。于是，我找到他的班主任教师问一问情况，教师疑惑地反问我："总分才考了80分，参加高考有什么意义呢？"教师建议我找校长问一问，看能否让这个学生参加高考。于是，我就找到校长，校长没有回避不让这个学生参加高考的事情，并且坦率地告诉我，不让这个学生参加高考，就是为了"减少一个分母，而增加一个分子"。

考试本身不是问题，问题在于"应试"很可能把学生引向本不应该去的方向。对教师职业道德而言，"应试教育"这种以考试为目的的教育，也会把教师的职业道德引导进入一种误区，即教师符合"应试"的教育教学行为，似乎就是符合教师职业道德的行为。

在"应试教育"背景下，教师有时并不能引导学生追求"真善美"，甚至相反，"应试教育"导致教师引导学生学会"假恶丑"。"应试教育"有悖于教育规律和学生发展规律，它只关注考分，关注取得高分的学生，片面强调和追求升学率，而忽视了对多数学生的素质培养。比如，每年高考结束后，社会各界都非常关注高考状元。有的学校还对高考状元进行重金奖励，而一般考生和落榜者却很少有人问津，这是"应试教育"的典型写照。

此外，"应试教育"在教育教学上常常忽视德育、智育、体育等基本内容。教师每天自愿或不自愿地引导学生为了考试而学习，这从根本上违背了学校教育目的和人的发展规律。教师这样的教育教学行为能体现出应有的职业道德吗？这是一个值得广大学校管理者深思的问题。

随着社会发展和科技进步，社会现实问题的复杂化和综合化，以及知识更新速度的加快，都要求人们不仅要具备解决问题的能力，更要求人们具备良好的道德品质、坚定信念、顽强意志和创新精神等。社会发展需要的是高素质人才，"应试教育"显然不符合我国社会人才培养的现实要求，而且有碍于教育事业的健康发展，有碍于教师职业道德的提升。

(四)素质教育呼唤良好的师德

素质教育的提出和人们对它的充分认识是一个渐进的、逐步明确的过程,它与社会经济发展和教育发展紧密联系在一起。

1. 什么是素质教育

1997年10月,原国家教委颁布了《关于当前积极推进中小学实施素质教育的若干意见》,其中指出,素质教育是以提高民族素质为宗旨的教育。它是依据《教育法》规定的国家教育方针,着眼于受教育者及社会长远发展的要求,以面向全体学生、全面提高学生基本素质为根本宗旨,以注重培养受教育者的态度、能力,促进他们德智体等方面生动、活泼、主动地发展为基本特征的教育。

素质教育有两个核心目标:一是注重培养和发展学生的个性,每一位学生都有各自独特的发展目标;二是尊重学生主体性和主动精神,注重开发学生的潜能。

实施素质教育正是为了克服"应试教育"的弊端,切实贯彻全面发展的教育方针。当然,素质教育不是不考试,而是不把考试作为目的,考试只是提高教学质量的一种手段。素质教育与"应试教育"在教育目的、对象、内容、方法、评价方式、结果等方面有着本质的区别。

表10-1　素质教育与"应试教育"的区别

	素质教育	"应试教育"
教育目的	提高国民素质	为"分数"而教和学
教育对象	关注全体学生	关注高分学生
教育内容	提升学生各种能力素质	围绕考试和升学

续表

	素质教育	"应试教育"
教育方法	重视启发引导	题海战术,"填鸭式"
教育评价	以多种形式全面衡量学生素质和教师的水平	分数作为衡量学生和老师水平的唯一尺度
教育结果	学生潜能发挥,个性得到发展	学生能力片面发展,个性压抑

素质教育的目的在于通过全面提高教育教学质量,更好地满足社会发展以及学生全面发展和长远发展的需要。能否实现由"应试教育"向素质教育的转变,这关系到今后的国家发展和社会进步。从我国社会与教育发展现状来看,从"应试教育"向全面素质教育转变可能需要有一个长期探索和努力的过程。在这一转变过程中,教师素质将起到关键的作用,因为素质教育不仅要求教师要拥有专业化的素质和科学的教育教学理念与方法,而且要拥有良好的职业道德水平。简单地说,素质教育呼唤着教师良好的职业道德素质。

2. 素质教育对师德提出新的要求

2008年教育部新修订的《中小学教师职业道德规范》中指出,教师要"实施素质教育,遵循教育规律,勇于探索创新,不断提高教育教学水平;培养学生良好品德,塑造学生健全人格,启发学生创新精神;不违规加重学生课业负担,不以分数作为评价学生的唯一标准"。教师职业道德对学生素质的培养具有重要意义。教师职业区别于其他一些职业的特殊性,就在于其对学生这一培养对象的影响与自身的职业道德素质密切相关。

进入21世纪,我国社会经济和教育发展取得了巨大成就,但是必须看到我国发展面临着一个根本性的问题或困境,那就是国民的整体素质仍然亟待提高。为此,教师有着为国家发展和社会进步而培养人才的责任和使命。这种责任感和使命感体现着教师是自身职业价值和意义的深刻认识，是自身职业的内在动力和坚定信念。

教师是人类文化和科学知识的传播者。在教育教学活动中，教师的"身教"往往胜于"言教"，学生良好的素质需要教师的良好专业素质来熏陶，学生对美好生活的追求需要教师积极的人生信念来启迪。教师良好的专业素质所表现出的一言一行，对培养学生的良好素质具有潜移默化的作用。因此，学校管理要注重加强教师的专业学习，引导教师要积极参与教育教学改革，更新教育教学观念，掌握科学的教育方法和教学手段。

我国基础教育改革对教师的教育观念做出了科学的阐释。教育教学观念主要体现在教师的学生观、教师观和教学观，即从认识层面上，教师如何看待学生、如何看待教师自身职业、如何看待教学。素质教育是面向全体学生的教育，它强调每个学生都拥有不同程度上的发展潜能和发展机会。《国家中长期教育改革和发展规划纲要（2010—2020年）》指出："振兴民族的希望在教育，振兴教育的希望在教师"。只有不断完善教师的专业素质，提高师德水平，素质教育的顺利实施才有希望。

（五）引导教师提升职业道德修养

合格的师德是从事教师职业的基本要求。师德不良既危害学生的发展，也损害教师自身形象，从根本上讲有碍于教育事业发展。学校管理要引导教师在教育教学中不断提高师德水平，以适应教育和社会的发展需求。

1. 师德标准要关注教师的合格道德

合格的师德是教师从教的一个基本要求，高尚的师德是教师不断追求的一个职业发展目标。师德标准要关注教师达到合格的道德水平。比如，教师要为人师表，以身作则；教师要育人为本，以爱育人；教师尊重学生，爱护学生等。

然而，目前有些师德规定忽视教师"应该做什么"，而强调教师"不应该做什么"。比如，"不准讽刺挖苦歧视学生""不准体罚或变相体罚学生""禁止侮辱学生人格""严禁上课期间打牌赌博""严禁进入色情娱乐场所"等。这些"不准"或"严禁"已经突破教师职业道德的底线，甚至越过了法律的红线。

规定教师"不应该做什么"，从根本上讲，不仅无助于教师改善和提高职业道德修养，而且降低了师德的标准。这种状况要么说明当前教师职业道德已经存在严重的问题，要么说明人们对教师职业道德存在很深的误解。

比如，前面我们讨论过教师体罚学生的现象，并认为体罚有悖于师德。然而，仔细分析不难发现，教师"不体罚"学生，根本就不应该成为师德所探讨的范畴。师德真正应该探讨的是教师如何关心学生、尊重学生等，师德培养更为重要的是关注教师"应该做什么"。

2. 师德建设要引导教师言行一致

中小学生处于成长发展阶段，他们的道德发展没有完全成熟。教师的言行都可能保留在学生的记忆中，对学生的人生态度和行为方式产生深远的、潜移默化的影响。

教师的道德言行对学生的道德培养起着重要的引导作用，良好的师德要求教师要"言行一致"。比如，教师要求学生考试不能作弊，但是，有一所学校的教师在评职称考试中集体作弊，被查处之后，学生很快就知道了这件事情，那么学生将如何看待教师的作弊呢？学生将从教师的"言"与"行"的反差之中学会什么呢？

教师是学生知识、思想和道德的导师，是学生学习的榜样。教师的道德言行往往会不知不觉、潜移默化地对学生产生影响。如果教师的道德言行不一致，可能会在学生不成熟的心灵上留下阴影，使学生怀疑或否定学校的教育，极大地损害教师教育的权威性。可见，教师不能只注重对道德知识和理论的讲解，却忽视自身的道德行为表现与道德认识的背道而驰。

从教师个体层面来看，言行统一是每一位教师的职业道德实现其价值的根基。提高教师的职业道德不仅是社会要努力实现的事情，也是每一位教师需要努力去做的事情。教师有必要努力提高自己的诚信度，追求人生的真善美，努力完善自身的道德认识、道德情感和道德行为，实现道德认识与道德行为的统一。

首先，教师有必要提高自身的职业道德认识。教师要充分理解教师职业的道德使命，认真学习和深刻领会社会对中小学教师职业道德的基本规范，并将其内化为自己职业要求的一部分。

其次，教师需要增强职业道德情感。在教育教学活动中，教师要根据一定的道德需要和道德原则，积极感知、理解和评价自身的道德情绪体验，培养对教师职业的喜爱和热爱，激发为教育事业而奋斗的热情，努力将职业道德情感升华为职业道德行为。

最后，教师需要展现良好的职业道德行为。教师的道德行为对学生发展具有直接影响力，而且教师的道德行为与道德认识要一致，这是检验教师职业道德价值最有说服力的指标。

教师可以让学生让出"三好学生"吗？

每位教师都会引导学生追求真善美，但是这种教育引导真正发挥作用并不仅仅在于教师的言语，也在于教师的行为。

这件事情发生在一个小学二年级的班级。全班通过民主选举，同学们评选出了班级的几位"三好学生"，但是让班主任老师有些为难的是班级中有一位同学没有被评选上，而这位同学正是教师们的"重点培养对象"。

因为"三好学生"名额有限，于是教师就找到其中一个被选出的"三好学生"，希望他放弃"三好学生"称号，并把它让给那位没有被评选上的同学。之前教师向全班承诺"三好学生"以投票结果为准，于是这个同学坚决不同意让出"三好学生"。教师耐心解释道："你的'三好学生'名额让给那个同学是因为，那个同学将来要以每年都是'三好学生'这个条件进入市里的一所很难考入的重点中学，而你即使得到这个称号，因为你没有本市户口，将来只能上一般的中学，有没有'三好学生'称号都没有关系。"

经过教师的"疏导"后，这位"不懂事"的学生还是坚决不愿让出"三好学生"称号。第二天，教师请来了学生的家长，热情地与家长分析这其中的"利害"关系。家长来学校前已经了解了这件事情，虽然内心觉得自己的孩子非常委屈，但出于孩子要继续在这所学校上学等原因考虑，只好同意了教师的建议。

在教育学生的过程中如何体现师德的力量，教师最需要做到"言行一致"。教师不仅要在言语上完善对学生的教育引导，在课堂上向学生讲解和传授仁义道德，以真善美的道德言语感化学生的认识，而且教师也要在行为上完善对学生的教育引导，在自己的行动中体现着仁义道德，以真善美的道德行为陶冶学生的情操，此所谓"身教胜于言教"。

教师对学生发展的影响不仅仅表现在"言教"上，教师更重要的是"身教"。孔子的名言"其身正，不令而行；其身不正，虽令不从"和"始吾于人也，听其言而信其行；今吾于人也，听其言而观其行"也说明了教师"身教"的重要性。教师在告诉学生要做一个有道德的人的同时，自己的行为也一定要符合教师职业道德的要求。可以说言行一致是判断教师道德品质的重要标准，也是教师职业道德发挥积极作用的保障。

良好的职业道德是从事教师工作的基础。从发展的眼光来看，要完成社会赋予的使命，教师在教育学生的时候也需要不断提升自身的师德修养。教师不仅需要掌握一定的专业知识和教学技巧，而且更需要具有良好的教师职业道德品质。为此，教师在提升师德修养的过程中，在"言"和"行"的层面上，要真正做到"爱岗敬业，表里如一；为人师表，言行一致"。

3. 提高师德修养与完善激励机制并重

国家振兴的关键在教育，教育振兴的关键在教师，只有高素质的教师才能培养高素质的学生。教师素质的一个非常重要的方面就是师德修养。

从本质上讲，学校也是社会的一个组成部分，教师也是社会中的普通成员。因此，教师不可避免地要与当前的经济发展形势产生各种各样的联系。在提高教师素质、培养高尚师德的同时，也需要不断完善教师的激励机制。提高教师工资待遇和生存环境是一种行之有效的激励措施，这在相当程度上对稳定教师队伍起到积极作用。当然，提高教师的工资待遇，并不是唯一的途径。因为在关注教师的经济需求的同时，也需要重视教师的精神需求。比如，公平合理的管理方式、友好互助的人际氛围、积极和谐的学校文化等都会成为师德发展的良好激励因素。

从人力资源管理的角度来看，提高教师的工资待遇并不一定能对促进其发展起到激励作用。事实上，精神满足和情感关怀往往对人的激励作用更大，但是提高教师的工资待遇会对教师起到重要的安抚作用。安抚作用是激励作用的重要基础保障，如果一个教师缺乏物质或工资带来的安全感，精神的激励作用就难以发挥积极的激励作用，或是精神激励作用就可能被削弱。

4. 提高教师的社会地位和工作满意度

从社会层面来看，切实提高整体教师的社会地位是教师职业道德实现其价值的外在社会保障。经历三十年改革开放的发展历程，我国教师的社会地位有了质的提高。但是许多社会现象也透视着教师的社会地位仍有进一步提升的空间。

工作满意度是衡量管理效率最敏感、最有效的指标，学校管理也是如此。有研究对教师的工作满意度加以探讨，认为教师工作满意度是指教师对其所从事的职业以及工作条件与状况的一种总体的、带有情绪色彩的感受和看法。教师工作满意度是衡量教师对工作整体感受的综合性指标，高满意度意味着教师对工作持有一种积极的、愉悦的、肯定的心理状态，从而使其乐于从教，积极提升教育能力，不断增强教师职业认同感和组织归属感。反之，低满意度意味着教师可能出现职业适应问题，可能导致教师对其职业选择和未来发展生涯产生困惑和怀疑，甚至使其产生放弃教师职业的想法，导致教师群体的不稳定。

比如，有研究对全国 2976 名在中小学新入职工作一年后的教师进行跟踪调查，考查其工作满意度的影响因素，发现教师职业热诚度、感知工作负担、人际关系、教学能力与发展需要因素以及学校的管理制度环境因素对新教师的工作满意度产生显著影响。其中，教师的职业信念，即教师对工作的热爱程度，对其工作满意度有着显著影响，教师职业的内在动机直接显著性影响着教师对工作的满意程度。因此，为提高新教师工作满意度，需要重视教师主观因素和学校制度因素的作用，塑造新教师的积极职业价值观，营造有利于其成长的组织环境，关注其工作适应状态和发展需求。[①]

2005 年 8 月由中国人民大学公共管理学院组织与人力资源研究所和新浪教育频道联合启动的"中国教师职业压力与心理健康大型调查"也发现类似的结果。比如，针对 8699 名教师的调查发现，有 64.40% 的被调查教师的工作满意度比较低，而只有 15.40% 的被调查教师的满意度比较高，详见图 10-1。

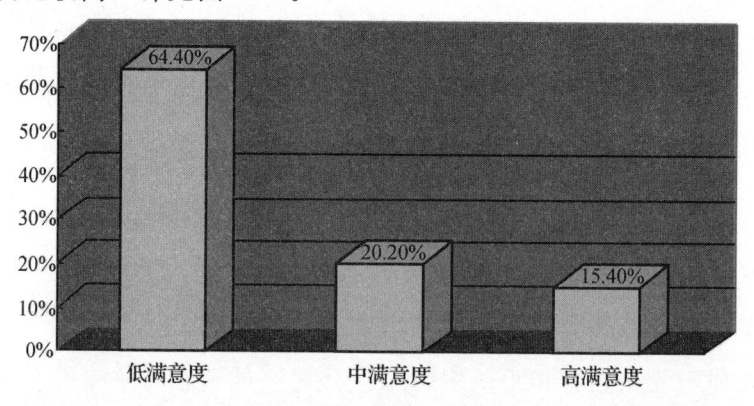

图 10-1 中国教师工作满意度总体情况图（数据来源：新浪教育频道）

[①] 李梅. 中小学新教师工作满意度影响因素的实证研究[J]. 教师教育研究，2013，25(5)：43-48.

国内外许多研究表明，教师的工作满意度与教师职业承诺之间有着显著的正相关。简言之，当教师对工作感到满意时，他们就会忠于职守，而当教师对工作感到不满意时，他们就可能不忠于职守，比如选择离职或"跳槽"。

5. 身体健康和亲情：实现师德价值的保障

教师的身体健康和亲情是教师职业道德发挥作用不可或缺的重要保障，但它们常常被人们忽视。一些以损害教师的身体健康和亲情为代价而树立高尚师德的现象时有发生，这种教师职业道德的现实令人深思。

如何实现教师职业道德的价值呢？奉献精神对每一位教师来讲都是必不可少的。事实上，每天下班以后，许多教师仍然在思考如何管理班级，或者分析解决课堂教学中的问题，或者投入大量的时间和精力积极备课，或者深入学生家中进行家访等。但是教师的奉献必须是一种理性的奉献，这种理性体现在它不以损失教师的身体健康和亲情为代价。事实上，良好的教师职业道德发挥其价值，需要有良好的身体健康和亲情作为支撑，失去了它们，教师的职业道德如何可以支撑起来呢？

高尚师德能以身体健康和亲情为代价吗？

学校中，我们经常可以看到一些值得人们学习的师德标兵的感人事迹。但是，其中有一些师德标兵的事迹却让人心里有一种不是滋味的感觉。

有一位教师生病了，完全可以花一点儿时间积极治疗，但是仍然全身心投入工作而不去医院做检查和治疗，以至于病情加重，早早献出了生命。后来人们把他树立为人们学习的师德榜样。这样的教师的确非常优秀，我们需要学习他的奉献精神，但是，这种不顾及身体健康的方式也是教师需要学习的吗？

还有一位师德模范教师，多少年如一日，兢兢业业扑在工作上，却很少花时间与自己的家人、与自己年幼的孩子在一起说说话，以至于这位教师家庭的夫妻关系和亲子关系经常出现一些矛盾。当有一天，这位教师发现自己已经无法与家人沟通心灵世界时，才想到弥补，这可能需要比当初花更多的时间。虽然教师也知道家人的重要性，但如何处理好奉献教育事业与营造良好家庭氛围的关系值得深思。

教师的身体健康和亲情是教师以良好职业道德教育学生的重要保障。我们提倡教师提升职业道德水准，但同时也提倡教师职业道德需要在理性的氛围中培养。它既不应建立在牺牲教师个人身体健康之上，也不应依靠在放弃本应与家人在一起的时间、牺牲亲情而获得，更不应以失去人生价值追求为代价。

要知道，身体健康与亲情都是教师良好发展的"本钱"，它们是教师发挥职业道德作用和实现人生价值的保障。每位教师都希望自己在生活与事业上能够双丰收，作为教师，兢兢业业地工作不仅仅是为了证明教育工作的崇高与伟大，也是为了创造幸福美好的生活。

每一个教师都意味着一个完整的系统。这个系统包括教师的家人、朋友、邻居以及教师以往的发展经历等。尤其是教师的家庭系统中的亲人对教师的学校工作有的重要的支持作用。因此，有人把家庭比作每个教师的"后院"，如果这个"后院"着火了，那么教师在学校这个"前院"的工作也势必会受到不良影响。对一位教师来讲，希望桃李满天下，但失去身体健康和亲情的人生并不是精彩的人生，失去身体健康和亲情的师德还能称之为高尚吗？

因此，学校管理者要关注教师的身心健康，提倡教师把职业以外的时间多留一些给家人。这并不是降低对教师的职业道德要求，因为教师的家庭以及自身的身体健康就像教师职业道德一样，也有着非常重要的作用。

人的价值具有二重性，在人生价值领域中表现为社会价值和自我价值。人对社会需要的满足就是人生的社会价值，人对自身需要的满足就是人生的自我价值。教师职业价值是自我价值与社会价值的结合。教师职业的社会价值就在于教师对社会的责任和贡献。教师职业的自我价值是社会对教师提供社会权利和保障，满足教师物质和精神方面的正当需要，以及发挥教师的潜能，实现教师的理想和追求等。实现自我价值，就是教师在社会的帮助和支持下，通过自己的实践活动实现对自身需要的满足。

一个人的自我价值和社会价值是不可分割地统一在一起的。自我价值是社会价值的必要前提和基础，社会价值是自我价值的外在体现，人的自我价值正是在创造社会价值的过程中得以实现的。因此，在强调实现教师的自我价值的同时，也需要重视社会价值的实现。

教师能否实现自我价值以及实现的程度如何，往往取决于两个因素：一是个人的努力奋斗；二是社会的帮助和支持。个人的努力奋斗是对教师主观能动性和潜能的开发。教师要在事业上取得成就，就离不开努力奋斗。大凡在事业上取得成就的人并不一定拥有过人的智慧，但他们一定拥有为事业奋斗不息的精神。每个教师在职业发展的过程中，都会遇到各种各样的困难和挫折，影响和制约着他们事业成功和自我价值的实现，这就需要社会的帮助和支持，以使教师战胜困难与挫折，进而实现自我价值。

教师需要将自我奋斗目标与社会发展目标紧密结合起来，积极发挥自身的主动性和创造性，努力提高自身的综合素质和竞争实力，实现自我价值。同时，教师也要关注国家建设和社会发展，在实现自我价值的过程中实现社会价值，在追求个人发展的同时追求社会发展。

本章思考题

1. 教师职业道德的基本内涵是什么？
2. 教师应具备怎样的职业道德？如何提升教师的职业道德素养？
3. 如果正确认识当前的中小学教师职业道德规范？
4. "应试教育"环境中，校长如何引导教师走出职业道德的误区？

第十一章　维护与促进教师的心理健康

随着我国社会发展和教育改革的不断深入，特别是学校领域各项改革措施的出台和落实，教师自身发展与社会需求之间显现出一些矛盾，这可能给教师及其发展带来压力。学校管理者有责任帮助教师对学校教育教学改革的新导向、新理念、新举措建立积极的心理准备状态。

学校管理的两大基本目标：一是学校组织的发展；二是学校教师的发展。教师发展是学校组织发展的基础和人力资源保障，教师发展是学校管理的核心内容。教师发展的关键在于其心理发展，教师心理发展的重要内容是具有良好的心理健康状态。教师心理健康发展是其心理发展的核心内容，也是教师专业发展的重要保障，因此，校长要积极维护与促进教师的心理健康发展。

一、案例及问题：教师为何变得如此冷漠？

大学毕业后，李老师如愿成为一名小学教师，这是他自己的选择，他为自己的选择而高兴，他为自己能做一名教师而感到兴奋和喜悦。

在开始当教师的第一年里，虽然感到教学任务和工作量非常重，但是他的教学热情非常高涨，看到一个个活泼可爱的小学生，他就有一种由衷的喜爱之情。有一次，他所带的班级的一位家长还特意向他表示感谢，因为他经常鼓励这位家长的孩子，孩子的学习成绩有了很大提高。

但是，没过多久，李老师开始对自己从事的教师职业产生了怀疑。有一次李老师充满信心地参加学校的教学比赛。比赛结束后教师们对他的课予以非常高的评价，都觉得他能获一等奖，但是评比结果他连三等奖都没有获得，只得了个鼓励奖。后来，有人告诉他，这是学校的一贯做法，刚工作的新教师不可能在教学评比中获奖的，即使教学水平再高。他找学校领导反映心中不满，于是学校领导答应给他从鼓励奖改为三等奖，这搞得他心里更不是滋味。

不过，李老师教学依然很用心。有一天，校长宣布要进行教学改革，请教师们提出改革方案。李老师感到非常兴奋，他精心撰写了一份改革方案，满怀希望地交给校长。可是，校长的反应非常平淡，表示进行研究。然而，这个方案就此杳无音信了，学校所说的教学改革也没有实质进展。李老师心里有说不出的失落感。

不知不觉，几年过去了，这期间又发生了许多事情让李老师感到工作充满压力，非常疲惫。毕业后来到学校工作就是希望能为教育事业做些什么，但现在，他感到自己并不被学校认可，更让他感到不安的是他所教的学生越来越不配合他，教学似乎不断出现问题，这让他感到心寒。想起当初毕业时，放弃了进入人们都羡慕的工作单位，毫不犹豫地来到学校，为此许多人说他傻，现在他也开始怀疑自己是不是真的有些傻。

追求与现实之间的反差太大，李老师对学校工作越来越提不起兴趣，工作热情逐渐消失，内心充满了倦怠感。虽然李老师从不违反学校的规定，但是每天在学校只是打发时光，上课只是应付了事，教学不再像以前那样精心设计，下课后也不与学生交流，学生有问题问他，他也冷漠待之。

教师为何变得如此冷漠呢？事实上，许多教师像李老师一样，表面上没有违反学校的各项制度和规定，但是他们对教师职业充满了倦怠感，对教育教学工作缺乏热情，对学生发展冷漠视之。学校管理该如何面对这种情况呢？

二、分析与讨论：关于教师心理健康问题

(一)教师职业倦怠及其成因

1. 什么是教师职业倦怠

以上案例中，那位教师的情况属于职业倦怠的心理问题表现。职业倦怠是当前职业压力和心理健康研究中较为关注的一种现象。职业倦怠常见服务行业，尤其是要求与需要帮助或服务对象面对面接触的职业。国外对职业倦怠的研究较多，国内关于职业倦怠的研究也日益受到重视。

对教师职业而言，教师每天要面对充满个性、各不相同的学生，要完成复杂的教育教学任务，教师还要面对来自学生家长和社会的过高期望，因此，教师职业的压力越来越大。如果压力不能得到有效的缓解，就容易导致教师产生倦怠感等心理困惑或问题。

教师职业倦怠是教师长期处于压力环境下，却不能有效缓解工作压力而产生的心理疲惫感和消极失败感的一种行为表现。它的主要特点是教师对教育教学工作表现出退缩或不负责任，对教育教学工作缺乏热情，时常伴随各种各样的心理症状，如易激惹、焦虑、悲伤和自尊心降低。

一般而言，教师职业倦怠的主要表现为：

(1)长期情绪情感衰竭而引起的倦怠感，即没有热情，经常出现疲劳、烦躁、易怒、过敏、紧张、冷漠等心理反应。

(2)对学生冷淡，表现为不与学生交流，拒绝接纳学生，不尊重学生，对学生存在的问题漠不关心。

(3)低自我评价和低成就感。职业倦怠的教师往往对自己的评价比较低，对自己从事的业务缺乏充分的信心，也伴随有缺乏成就感，觉得自己的工作并不能给学生带来积极的影响。

教师职业倦怠不仅损害教师的心理状态，也影响教师的生理健康，干扰教师的人际交往质量，制约着那些充满爱心、热爱教育事业的教师有效地开展教育工作。

2. 教师职业倦怠的原因分析

(1)社会方面的原因

世界各国都对教育持有很高期望，教师所承受的社会期望也比较高。教师往往被视为承担着培育英才和传承历史文化重任的角色。同时，在当今迅速变迁的社会里，价值观念日趋多元化，校长、家长、学生及社会各界对教师的期望也日益复杂多样，在各种期望下，教师的工作压力逐渐增大。

(2)学校组织方面的原因

许多教师工作时间过长、工作量过大，在心理层面上，长期处于一种疲惫不堪的状态。而且，在教育实践中，教师个体往往缺乏教育教学的自主权，多数教师很少有机会参与学校教育决策。如果教师感到学校组织缺乏公平合理的激励机制，如果教师长期处于缺乏相互支持和关心的社会支持网络中，都可能导致教师产生职业倦怠感。事实上，工作负担过重，工资过低，与学校领导和同事的关系紧张，没有机会参与学校管理，教育教学活动围绕考试分数，官僚式的学校管理，过多过滥的上级检查等都可能导致教师心力交瘁。

(3)教师自身方面的原因

职业倦怠也可能由于教师自我期望值与现实反差太大而引发，如果教师承受挫折的能力较低，不能有效地缓解工作压力或妥善地应对工作中遇到的挫折，他们就容易产生身心疲惫的感觉。

受周围教师、学校组织和社会因素的影响，当教师知觉到付出与回报之间显著不平衡时，就可能产生职业倦怠。这种状态在根本上是由心理上的不平衡感引起的，即觉得再怎么努力工作，都不会有效果，也不会得到应有的回报。

3. 职业倦怠可能导致职业行为问题

教师职业倦怠既与教师所处的具体环境因素有关，也与自身缺乏面对挫折等心理调节能力有关。如果教师的心理压力长期不能缓解，职业倦怠持续时间过长，就有可能影响教师的心理健康，导致教师职业行为问题。

(1)逐渐对学生失去耐心和爱心

具体表现为教师疏远学生，教育教学活动缺乏积极性，过多运用教师的权威地位来训诫学生，而不是以平等沟通的方式来引导和帮助学生。而且，教师在教育教学中时常把遇到的问题扩大化、严重化，学生的一些小错误被视为对自身的严重冒犯，采用体罚、辱骂等简单粗暴的方式应对。

(2) 人际交往偏执

在教学过程中遇到挫折时拒绝领导和同事的帮助和建议，将他们的关心看作一种冒犯，或者认为他们的建议和要求是对自己不利的。

(3) 对学生家长态度冷淡

教师对问题学生的家长期望降低，认为这样的学生已经不可救药，放弃与家长的合作，也不再关心学生的发展。

(4) 厌恶教育教学工作

表现为对教学失去热情，厌恶或恐惧教育教学工作，甚至有的教师会试图离开教育岗位。这种情绪常常会在有类似境遇的教师之间得到互相的强化，影响学校教师工作氛围。

可见，校长对教师的职业倦怠问题应给予充分的重视，避免进一步转化为教师的职业行为问题，避免对学生发展造成更不利的影响。

(二) 教师心理健康问题分析

1. 什么是心理健康？

心理健康是一个动态的概念。根据联合国世界卫生组织（WHO）的定义，心理健康不仅指没有心理疾病或变态，它还包括良好的心态和社会适应，以及完整的人格和心理潜能的充分发挥。心理健康既强调解决心理健康问题，也关注预防心理问题和提高人的心理素质。

对心理健康的判定，需要依据一定的标准。从不同视角对心理健康标准进行不同的界定，主要有以下几种。①②

·从统计学视角出发，以常态分配为标准，据此确定个体是否健康。

·从社会学视角出发，以个体的社会适应性来进行判定。

·从心理学视角出发，以个人的心理与行为成熟水平进行判定。

·从医学视角出发，以没有心理疾病或症状进行判定。

虽然标准各不相同，但是可以概括为两个方面，即社会适应标准和个体发展标准。社会适应标准强调个体具有正常认知与自我认知、适当的情绪反应、健全的意志品质、协调的人际关系、良好适应社会生活、积极的人生态度、规范的行为表现等；个体发展标准强调人格的完善和个性的塑造，强调个体的终生发展，全面提高人的心理素质，充分发挥人的潜能和创造性，培养高尚品德，实现人生价值。

2. 教师心理健康问题表现

研究表明，教师存在心理健康问题的比例较高，教师的心理健康状况不佳，心理问题很多，比如，在"心理—生理"方面表现出抑郁或焦虑，存在人际关系障碍、职业心理问题等症状。③ 有研究采用SCL—90问卷对中学骨干教师进行测试，结果发现教师整体心理健康状况不容乐观，42.1%的教师有轻度心理问题，5.52%的教师有明显的心理症状。④ 有研究对近年来教师心理健康的研究进行综述，指出

---

① 申继亮，王凯荣. 论教师的心理健康教育能力的构成[J]. 北京师范大学学报(人文社科版)，2001(1).

② 江光荣. 关于心理健康标准研究的理论分析[J]. 教育研究与实验，1996(3).

③ 俞国良，曾盼盼. 论教师心理健康及其促进[J]. 北京师范大学学报(人文社科版)，2001(1).

④ 汪小琴等. 中学骨干教师心理健康状况的调查分析[J]. 健康心理学杂志，2004(2).

教师心理不健康的检出率呈递增趋势，特别是 2000 年以后，增长很快，而且农村教师心理健康状况总体上比城镇教师更为严重。①

当前，教师心理健康存在一致的差异特点，即青年教师的心理健康水平低于中老年教师，特别是农村青年教师的心理健康水平显著低于城市青年教师，男青年教师的心理健康水平显著低于女青年教师。女教师的心理健康水平优于男教师，年龄大的教师比年轻教师的心理健康状况好。概括而言，中学教师、班主任教师、课时量大的教师、男性教师、未婚教师的心理健康问题相对较多，有必要给予积极关注。

概括而言，教师心理健康问题主要有以下表现。

(1)教师的情绪问题

教师的情绪状态不仅会影响到教师自身的认知、动机和行为系统，也会对学生的认知、动机和行为系统产生直接或间接的影响。教师的不良情绪，直接影响着其教育教学质量，也对学生心理健康的培养产生消极作用。②

教师每天通过言语和非言语的方式向学生传递信息，与学生交流。教师的情绪在教育教学过程中，往往就是一种不可忽视的非言语方式。教师的情绪所包含的信息不需要通过话语进行传递，它是一种没有话语却包含着丰富内涵的信息。教师情绪状态在很大程度上决定着教师在教育教学过程中的面部表情、声调、手势、动作等非言语的

---

① 张积家，陆爱桃.十年来教师心理健康研究的回顾和展望[J].教育研究，2008(1).

② 金东贤，邢淑芬，俞国良，教师心理健康对学生发展的影响[J].教育研究，2008(1).

行为表现。

教师良好的情绪在教育教学中具有非常重要的作用。良好情绪状态可以帮助教师思维敏捷，想象丰富，头脑清晰，提高教育教学效率；而不良的情绪状态容易导致教师思维迟钝，逻辑混乱，而且容易发脾气，指责抱怨学生，从而影响教育教学质量。

教师的情绪问题主要表现为：

·急躁。有的教师教育学生只关注自己对学生的期望，而不考虑学生的心理特点。当学生的表现与自己的期待不一致时，就容易急于求成，产生急躁情绪。

·抑郁。通常表现为情绪低落、长期的精神不振或疲乏，对外界事物失去兴趣，对学生漠然等。

·焦虑。有的教师往往对事情过分担心，常常有莫名的不安感。这种情绪问题通常伴随着一些身体的不良症状，如失眠、食欲不振、咽喉肿痛、腰部酸痛、头疼等。

如果教师不良情绪缺乏疏导或化解，那么它往往引发教师产生更深层次的心理行为问题，比如有的教师对职业失去自信，成就动机显著降低，对工作产生内疚感或过度自责等。

(2)教师的人际交往问题

教师的人际交往问题主要表现在师生关系上，也表现在教师的其他人际关系网络中。本章案例中的那位教师对学生冷漠并非师德问题，而是人际心理健康问题。导致那位教师产生回避和漠视学生的原因与他承受了比较大的职业压力有着密切关系。在心理压力过大和情绪失调的状态下，人们往往会产生认知偏差，倾向于对他人言行做出消极的判断，从而在人际交往中做出消极的言行反应。

教师教育学生的重任与对学生发展不合理的期待往往可能使他们比其他人更容易产生急躁、焦虑、抑郁等不良情绪。这些不良情绪容易导致人际关系问题，尤其是形成冷漠、回避、冲突的师生关系，缺乏耐心听取学生的倾诉，拒绝从学生视角来看问题，对学生的错误一味进行责备，甚至表现出攻击性行为。

(3) 教师职业行为问题

目前许多教师对自身职业发展的心理感受并不乐观，有许多消极心态和行为，这些都可能导致教师出现职业行为问题。比如，有的教师逐渐对学生失去耐心，并开始疏远学生；有的教师对教学活动缺乏热情，不愿意备课和上课；有的教师将教学过程中遇到的正常阻力扩大化、严重化，往往产生过度的情绪反应。

在教师的职业行为问题中，最典型的就是教师职业倦怠，这也是目前颇受关注的问题。教师职业倦怠是一种与教师职业有关的心理综合症状，其主要特点是对教育工作的退缩和对学生培养的不负责任，并伴随有情感和身体的衰竭，以及各种各样的心理症状。比如，易激惹、过度焦虑、强烈的低自尊和低成就感等。教师的职业倦怠往往与教师的情绪问题和人际交往问题之间有着紧密的关系。

3. 教师心理健康问题的原因

过大的心理压力是影响心理健康的重要因素，教师感受到的职业压力过大有可能导致其产生一些心理健康问题。比如，教师消极行为增多，行为冲动、易激动、情感失常、暴饮暴食或食欲不振、酗酒、旷工等。

给教师带来职业压力的因素主要有以下两大方面：外显因素和内隐因素，详见表11-1。

表 11-1 影响教师心理健康的因素

外显因素	内隐因素
社会背景	消极被动性，缺乏自主性
工作量较大	被规定性，缺乏自主权
考试和升学压力	机械性，缺乏灵活、创新
经济状况	……
领导的评价	
……	

(1)外显因素

①社会因素

在我国社会发展的转型时期，社会变革对教师提出了新的要求，使教师感受到较大的压力。而且，我国教育改革，尤其是新课程改革，也在不同程度上给教师带来心理压力。此外，社会提供给教师的待遇，以及社会对教师过高的期望也导致教师产生较大的心理压力。

教育在社会发展过程中发挥的价值与作用，决定了教师职业角色的重要性，但是，当前许多地区尤其是经济欠发达地区，仍然没有真正确立教师重要的社会地位，仍然缺乏与之相应的尊师重教的经济待遇。在这种现实情境下，许多教师面对工作可能会产生心理不平衡和失落感，一些教师因为自己的劳动价值与工资待遇相背离，又缺乏相应的社会地位，而产生职业压力，引发教师出现职业心理问题。

②学校因素

首先，教师工作量大，课时多，学生数量多，都给教师带来较大的工作压力。许多教师认为自己的工作量"超负荷"。但是，教师工作量是否真的"超负荷"，关键在于学校管理。如果学校管理能让教师愉快地工作，即使工作量很大，也不会觉得超负荷；而如果教师工作情绪不良，那么即使工作量很小，教师也会觉得工作很累。

其次，学校管理及教师工作评价存在问题，给教师带来压力。比如，有些学校的教育教学管理存在严重的形式主义和官僚主义，不合理的教师奖惩、评聘等评价体系无形中增大了教师的心理压力。许多教师的工作生活状况就是在各种评价之间"疲于奔命"和"被动应付"。正如本章之初案例中的教师在"论资排辈"的束缚下，感到自己的教学没有得到公正的评价，心里感到极大不平衡，甚至产生自卑心理，于是渐渐对教育教学工作失去热情。

最后，考试和升学给教师带来压力。目前我国基础教育并不完善，学生多，学校少，尤其是质量好的学校更少。考试这种方式仍然在较大程度上调控着学校的管理，有些学校衡量教师工作业绩的唯一或主要标准就是考试分数。许多学校被卷入了"应试教育"的洪流，许多教师成了"应试教育"的牺牲品。教师以学生的考试成绩给学生排名，学校以学生的考试成绩给教师排名，地方以学生的考试成绩给学校排名，这些已经成为当前学校教育中的普遍现象。追求升学率成为学校发展所追求的目标，考试分数和升学率成为衡量教师教学水平和学校教育水平的核心标准。这种背景下，教师面对考试和学生升学常常感受到较大心理压力。

(2)内隐因素

①教师的消极被动性，缺乏教学自主性

从教师自身而言，目前教师整体的心理状况并不令人乐观，许多学校的教师工作表现出消极被动性，许多教师仅仅把教育教学工作视为自己谋生的职业或手段，而不是自我人生发展的事业或追求，于是，教师从事教育教学工作的内在动力不足，这种心态成为其产生心理健康问题的一个重要内在原因。

②教师的被规定性，缺乏教学自主权

教师表现消极被动的一个原因在于教师的被规定性。当问教师这样一个问题：每天早上从教师走进学校开始工作，有什么是教师自己说了算的？许多教师回答"没有"或"很少"。教师在学校管理中缺乏应有的自主权。学校管理中经常说"教师是学校的主人"，但是管理实践中，教师的这种主人地位却没有得到基本的保证。在许多教师看来，自己并不是学校的主人，也很难表现出强烈的主人翁精神。

③机械性，缺乏灵活、创新

有些教师由于自身能力或专业素质不高，而不能灵活、创新地面对教育教学工作。有些教师由于对工作的期望值过高，与自身的能力和素质不相符，也容易产生过大的心理压力。

从管理的角度来看，有些学校管理往往重视表面形式，而轻视实质内容，采用"一刀切"的方式管理教师，这也使教师工作机械僵化、因循守旧，在教育教学工作中表现得缺乏灵活性和创新性。

三、管理与对策：维护与促进教师的心理健康

(一)缓解教师职业倦怠的策略

教师职业倦怠的现象在我国的学校中并不少见，这已严重影响了教师的身心健康及其专业成长，也给学生的发展带来了不利影响。

在促进教师专业发展的过程中，学校管理者要重视解决当前不利于教师成长的心理问题。研究表明，职业倦怠中的情绪耗竭与职业继

续承诺之间具有高度相关，预测分析表明，情绪耗竭是继续承诺的一个有效预测维度。因此，必须重视解决当前教师职业的情绪耗竭水平高的职业心理问题。①

1. 引导教师调整观念，积极面对教育教学工作

从教师发展角度来看，新任职的教师处于职业生涯探索阶段，多具有积极的心态，士气旺盛。然而，经历探索阶段之后，有些教师会进入职业挫折阶段，这一阶段教师所面对的困难越来越多，挫折也接二连三袭来，如果处理不好，教师可能会产生无所适从的无助感，容易陷入职业倦怠。因此，学校管理要引导教师正视工作中的困难和挫折，调整不合理或不正确的教育教学理念，帮助教师缓解工作压力，调节职业心理状态。

2. 提供必要的管理支持和心理援助

学校管理者要为教师提供适当的管理支持，提高教师的工作自信，缓解教师职业的沮丧和无助感。在管理层面，对教师有可能产生的职业厌倦做一些预防措施，进行相应的心理辅导和援助，提高教师应对压力和调节心理平衡的能力。比如，对刚开始从教的教师可以多给予鼓励和赞美，为他们提供充分的教学观摩和学习的机会，组织有丰富经验的教师向新任教师提供教学指导和帮助等。

在教师处于职业挫折阶段时，如果及时得到学校的管理支持会有助于教师摆脱职业倦怠；反之，教师则可能从此一蹶不振，甚至放弃教师职业。因此，学校管理有责任积极地采取相应措施，帮助教师预防或摆脱职业倦怠，促进教师专业成长。

---

① 连榕：新手—熟手—专家型教师心理特征的比较[J]．心理学报，2004，36(1)：44-52．

3. 加强学校文化建设，建立良好的人际氛围

每个学校都有其组织文化与人际网络，教师在这些人际网络中与其他教师和学生的交往互动，就形成了学校文化氛围。如果学校的文化氛围不和谐，比如，排斥教育教学中遇到挫折的教师，不鼓励教师之间的合作，教师之间各自为政，缺乏交流与激励，甚至互相攻击，这些都可能加剧教师职业倦怠的产生。因此，建设良好的学校文化与人际氛围也是避免或缓解教师职业倦怠的重要举措。

4. 建立社会支持网络

提高社会各界对教师工作的理解、信任和支持，有助于教师增强从教的信心，积极地看待自身的职业。相反，如果教师长期受到社会的不客观的指责批评和不合理的期望，就会增加教师的工作压力，降低教师对自己所从事的职业的积极评价和肯定态度，对自己作为教师的未来感到担忧，从而可能导致教师对教学失去热情，产生倦怠感。

学校管理需要引导教师正视教育现实中存在的各种各样的问题，树立对教师职业的合理期望，不断提高自身专业素质，积极争取广泛的社会支持和信任，避免倦怠感的产生。

（二）教师心理健康的意义

许多研究表明，我国教师的心理健康状况不容乐观，而且部分教师的心理健康问题还比较严重，为此教师心理健康状况应受到广泛关注。从教育发展与管理来看，促进教师心理健康意义重大，它是全面提高教师素质和提升教师专业发展水平的重要保障。

1. 教师心理健康与素质教育的关系

素质教育的目标之一是提高学生的心理素质，维护学生的心理健

康。实施素质教育，需要高素质的教师队伍。教师心理健康是教师职业心理素质的重要内容，也是学生心理健康与发展的重要保证。然而，目前教师在教育教学过程中时常出现一些心理健康问题。教师心理健康问题已经成为学校实施素质教育和培养学生良好素质的严重障碍。因此，素质教育要求教师具备良好的心理健康状态。教师是否具有良好的心理健康状况，关系到教师以何种心态面对学生，以何种教育教学方式对待学生。教师心理健康是素质教育有效实施的关键，也对培养学生心理健康发展有着重要意义。

2. 教师心理健康与教师心理素质的关系

提高教师的心理素质是学校实施素质教育的重要保障。在教师素质中，心理素质作为其他各种素质赖以形成和发展的基础与动力，深刻地影响和制约着教师其他素质的发展。教师的心理素质直接影响学生身心发展以及教育教学效果的稳定，它是教师素质结构中的核心成分。

教师心理素质具有一定结构，并体现在一定的心理过程中。教师心理素质往往包含教师的知识、能力、观念、人格和行为等成分。如果教师的心理素质结构完整，各个成分能协调有效地发挥作用，那么教师就能形成良好的心理健康状况。如果该系统结构不完整，结构功能出现失调，就可能导致教师不能适应教育教学活动，产生心理健康问题。因此，教师心理健康水平是反映其心理素质的一个重要指标。教师具有良好的心理健康状态对提高教师的专业素质，促进教师成长具有重要意义。

3. 教师心理健康与学生发展的关系

提高教师素质的意义在于实施素质教育，为国家建设和社会发展培养所需要的合格人才。教师的心理健康是影响学生发展的一个重要因素，提高教师的心理健康水平，对培养国家建设和社会发展所需要的合格人才具有重要意义。

教师对学生成长具有长远深刻、潜移默化、不可替代的导向作用。良好的教师心理健康状态对学生的心理健康起着保护和促进作用，甚至深刻地影响着学生的心理及行为方式。教师既是教育者，又是学生的榜样。年龄越小的学生越具有向师性，他们愿意亲近教师，希望得到教师的关注、关心和鼓励。正如夸美纽斯所言："教师的职业是用自己做榜样，来教育学生。教师的言谈、行为、为人处世的态度都被学生视为榜样竭力模仿。"从这个意义上讲，教师良好的心理健康状态对学生发展有着不可替代的作用。

4. 教师心理健康与职业道德的关系

（1）心理健康问题不同于职业道德问题

如果教师有意识地不关心和爱护学生，甚至体罚学生，这是缺乏师德的表现。然而，一些教师的言行表现看似缺乏师德，但深层次来看，并不是师德问题，而是心理健康出了问题。

心理问题，还是师德问题？

一位小学校长，向我讲述了发生在他的学校的一件教师体罚学生的事情。有一天，一位男教师正在组织学生站队时，发现有一个男生与其他同学嬉笑打闹，他多次要求这个学生站好队，而这个学生并不理会他。于是这位教师一气之下，抓住学生的衣领子把学生揪起来，让他站好队伍。学生看教师生气了，就在队伍中站好。

不过，事情并没有结束。当学生放学回家后，学生的母亲看到自己的孩子胸口有被抓的红色印迹，就问孩子怎么回事。孩子讲了事情经过后，母亲就立刻带着学生回到学校找校长投诉，并强烈要求这位"缺乏师德"的教师向学生道歉。

校长就打电话找来这位教师，并向教师了解情况。教师承认抓了学生的衣领子，但强调自己抓得并不重。当母亲指着孩子被抓红的脖子质问教师时，教师无言以对。事情的结果是以校长批评教师，教师诚恳地向学生和家长道歉而告终。

但是校长告诉我，这位教师平时对学生非常关心和爱护，以前没有过这样的过激行为，并不像家长所认为的那样是"缺乏师德"的教师。这是怎么回事呢？

事后校长找这位教师谈心，教师告诉校长由于一些原因，他当天的心情非常不好，看到学生不服从，就突然变得生气起来，抓学生衣领是一时失控所为，自己也没有想到抓得有些重了。

那么这位教师的行为是情绪失控的心理问题，还是缺乏职业道德呢？

这位教师对待学生的行为方式的确不可取，但是，他不能被简单地戴上"缺乏师德"的帽子。教师之所以一时失控把学生脖子抓红了，很可能是因为一时消极情绪所致。一个人在情绪失控的情况下，对自己的行为失去了准确的判断，导致伤害学生的行为。校长事后对待这位教师的方式并没有过多批评，而是帮助教师分析情绪失控的原因，并引导教师保持积极情绪。

教师是否缺乏职业道德，要看其一贯的行为表现，而不能仅看一时的过激行为。教师心理健康问题与其职业道德问题不能混为一谈。另一方面，也必须认识到良好的心理健康有助于教师表现出良好的职业道德。

(2) 良好的心理健康是师德的内在保障

教师一时的情绪失控可能会对学生带来不良影响。即使这种不良影响并非由于教师缺乏职业道德所致，但是它的结果却与缺乏师德而损害学生所导致的结果是一致的。教师心理不健康和缺乏职业道德都会对学生发展产生负面影响，只是这种负面影响的根源不同。

教师心理健康状况是师德发挥其导向作用的重要保障。提高教师的职业道德，也需要改善教师的心理健康状况，改变教师对学生的错误认识，形成正确的学生观，调节不良情绪体验，控制不当的教育行为。因此，教师良好的心理健康状态有助于实现教师职业道德的价值目标，也有助于教师处理好学生的问题。

(三) 教师心理健康的内涵与标准

目前，关于教师心理健康的研究，大多没有对教师心理健康的内涵及标准做出明确界定。有研究指出，教师心理健康的标准至少应包括以下几点。①②

---

(1) 对教师角色认同，热爱教师职业。
(2) 有良好和谐的人际关系，比如，师生关系融洽。
(3) 具有积极的自我，包括能正确地认识自我、体验自我和控制自我。
(4) 具有一定的自我发展与教育创新精神。
(5) 能真实地感受情绪，并能有效调节不良情绪，保持乐观积极的心态。

---

① 孙铭钟. 教师心理健康的标准和对策[J]. 应用心理学，2003(1).
② 俞国良，曾盼盼. 论教师心理健康及其促进[J]. 北京师范大学学报(人文社科版)，2001(1).

以上针对教师心理健康标准定位过高。学校管理应要求教师心理健康达到基本标准，而不能要求教师心理健康状况达到完美的理想状态，这不是多数教师可以达到的。

"热爱教师职业"是教师职业道德的标准，而不是教师心理健康的标准，即使教师并不热爱教师职业，但是他对从事教师职业表示认同，也可以说这样的教师心理是健康的。

教师"具有一定的自我发展与教育创新精神"可以作为一个优秀教师标准，但不能作为教师心理健康的标准。如果我们反过来考虑，一个教师如果缺乏自我发展和教育创新精神，那么我们就可以说他（她）心理不健康吗？当然不是，这样的教师心理健康标准定得有一些高了。标准定高了，很多教师就会显得自己心理不健康。

当前，许多关于教师心理健康的标准定位过高，甚至还以道德的标准来衡量教师心理健康。实际上，教师心理健康的标准应该是一种基线标准，而不是高不可攀的标准，更不是道德标准。结合以往研究成果，教师心理健康的标准应包括以下五个方面的基本标准。

1. 对职业角色的认同感

如果教师热爱自身职业，那是一种非常好的心理状态，但是从心理健康的角度来看，如果教师不热爱自身职业，但对教师职业认同感，其心理状况就是健康的。

2. 人际适应良好

教师能与工作环境中的人保持基本的人际交往，基本适应人际环境，其心理健康状况就是健康的。

3. 良好的自我认知

教师需要对自我有一定清晰准确的认识，认识自己的能力水平、性格特点、兴趣爱好等。

4. 具有一定的工作积极性

教师工作积极性高涨，这固然很好，但是，教师从事这一职业有一定的工作积极性，能主动面对工作，就是一种心理健康的状态。

5. 真实地感受和调控情绪

教师在教育教学过程中，尤其是面对学生问题时，可能表现出不良情绪。如果教师能真实感受自己的情绪，并及时加以调控，就是心理健康的表现。

(四)促进教师心理健康

综合来看，维护与促进教师的心理健康要处理好教师的外部环境与内部环境两个方面。对学校管理者和教师自身而言，要重视改善教师的外部环境，更要重视改善教师的内部环境。

1. 改善教师的内部环境

教师是学生行为的榜样，也是学生行为的强化者，教师的心理健康状况对学生具有巨大的影响。无论是教师本人还是学校管理者，都应该充分了解影响教师心理健康的各种因素及其作用机制，有效地维护教师的心理健康。

(1)引导教师树立科学的教育教学观念

教师的职责已不限于传授各种知识、培养各种技能以及发展学生智力，也负有指导和促进学生人格发展与心理健康的职责。儿童青少年时期作为人生发展的重要阶段，有相当长的时间在学校度过，他们对家庭的依恋逐渐减弱，同伴、教师对其的影响不断增大。教师需要树立科学合理的学生观，视学生为发展的人、有个性的人、系统环境中成长的人，引导学生在不同程度上获得良好发展。

(2)教师要掌握基本的心理健康知识

为了学生更好地发展，教师有必要掌握一些心理健康方面的知识。比如，曾有一位班主任教师，在教室里指着一个后排的学生对我说，"那个学生有心理障碍，您给他好好治治。"听教师这样讲，我心里很是不安，而当我看到那个学生听到教师这样说自己而若无其事的样子更让我感到不安。于是离开教室后，我问这位班主任教师是如何知道这个学生有心理障碍的，他告诉我是"看出来的"。虽然教师不是心理咨询师或心理医生，但是教师要掌握一些基本的心理健康知识，区分常见的心理问题表现，并具有初步识别和调控学生心理问题的能力。

(3)引导教师建立积极的心理准备状态

心理学研究人员曾针对两组接受相同手术的患者做过一个实验。对其中一组患者在手术前，研究人员向他讲明手术的过程及后果，使患者对手术有了心理准备，对手术带来的痛苦视为正常现象。而另一组患者对手术过程及后果一无所知，对术后的痛苦往往过分担忧。结果发现，手术后有准备组的患者比无准备组的患者止痛药用得少，而且提前几天出院。

这个研究对引导教师调节心理状态具有启示，即教师要有积极的心理准备状态迎接新事物的出现。学校管理要在实施教育教学改革之前，向教师充分说明，与教师沟通商量，引导教师正确认识，帮助教师建立积极的心理准备状态。

(4)培养教师积极的情绪情感

教师经常要面对复杂的教育教学情境，面对各种各样的学生及其问题，不如意的事情时有发生，这些都可能影响到教师的工作情绪。消极情绪容易导致教师教育教学工作效率降低，干扰教师的教育教学成效。学校管理者要引导教师学会认知调节策略，调节对职业压力源的认识和态度，转换视角和思维方式，建立积极的认知观念，从而培养积极的情绪情感。

"情绪调节的 ABC 技术"就是一种简单而行之有效的方式。该理论是由美国临床心理学家阿尔伯特·艾利斯（Alben Ellis）于 20 世纪 60 年代创立的一种心理调节技术。"ABC"三个字母代表了该理论的核心内容，其中：

> "A"(Activating Events)指诱发性事件。
> "B"(Beliefs)指诱发事件之后的信念。
> "C"(Consequences)指情绪的行为结果。

这种情绪调节技术认为，人们不良情绪的行为结果(C)不是由某一诱发性事件(A)本身所引起的，而是由人们对这一事件的信念或认识(B)所引起的。情绪主要是受人们对事情的认知或信念而产生。比如，面对学生考试成绩不良，教师很生气，其原因不在于学生不良的考试成绩，而在于学生的考试成绩不符合教师的认知期待。

因此，教师调节不良情绪的关键就在于调节认知，培养积极信念。面对学生问题容易情绪激动或失控的教师应树立这样一种信念："学生考试成绩不良是学生差异的表现"。教师需要对学生建立合理的认知期待，为学生着想，不要为学生着急。"为学生着想"就是教师的合理认知，它有助于教师积极寻找解决问题的方法。

(5)塑造良好的教师职业性格

不同性格特征的人对压力的感受有所不同。弗雷德曼和罗森门

(Friedman & Rosenman，1974) 在对心脏病患者的研究中，发现了被称为 A 型性格的行为方式。这是一种有冲劲、精力旺盛、求胜心切、竞争性强的性格，总想在最短时间内处理无数难以确定的事物，而这种长期处于压力下的紧张状态付出的代价就是更有可能导致心脏疾病。因此，那些竞争意识强、争强好胜、缺乏耐心、极端追求效果而成天忙忙碌碌的教师，在面对工作压力时，性格中的不利因素就可能会显现出来。学校管理者需要关注具有这种性格的教师，提醒他们把飞快的工作节奏放慢一些，把对学生发展的期待降低一些，把工作结果的成败看得淡薄一些。

> A 型性格的一些典型表现：
> 说话时会刻意加重关键字的语气
> 吃饭和走路时都很急促
> 当别人慢条斯理做事时会感到不耐烦
> 停下工作休息一会，觉得浪费时间
> 尝试在限定的时间内做完更多的事
> 总觉得有事等着自己立刻去做
> 对自己的工作效率总是不满意
> 觉得与人竞争时非赢不可
> 与别人交谈时，经常打断对方的话

2. 改善教师的外部环境

(1) 提高教师的社会地位，形成尊师重教的社会风气

研究表明，新手、熟手、专家型教师对其职业的继续承诺的水平都不高，意味着当前教师群体中有相当一部分人都有离开这一职业的意愿，这应引起有关部门的高度重视，提高教师对其职业继续承诺的

水平，重视解决当前教师对其职业继续承诺不高的职业心理问题。因此，必须更加重视解决当前教师中较为普遍地存在着的压力大、紧张、疲倦、焦虑水平高、无助感等不良心理问题，把这作为当前教师心理健康教育的重点。[①]

学校上级主管部门应增加教育投入，改善教师的工资收入、医疗保障等待遇，提高教师专业素质，提升教师社会地位，推动尊师重教社会风气的形成。社会各界要正确理解和认识教师的社会价值，使"尊师重教"真正深入人心，让教师真正感受到关心和尊重，从而促进教师的心理健康发展。

(2)为教师提供心理咨询服务

当前许多学校都为学生配备了心理咨询教师，学生有了心理健康问题可以去找心理咨询教师寻求帮助，然而，教师如果有了心理健康问题应该去找谁呢？研究表明，多数教师不愿去找学校管理者加以解决，而更多是自己解决或寻求亲朋好友的帮助。事实上，优质的学校管理应积极改进学校的内部管理，为教师提供心理咨询服务，增加对教师的心理支持，为教师心理健康发展创造良好的学校管理氛围。当教师出现情绪问题、人际关系问题或职业发展问题时，教师可以有一个专门为其提供倾诉心声或疏导心理的地方。

因此，在学校内部乃至整个社区、学区内应建立促进教师心理健康的社会支持系统，比如，建立"教师心理健康咨询室"或"教师心理辅导站"之类的机构，由专业人士为教师提供心理支持服务。

---

① 连榕：新手—熟手—专家型教师心理特征的比较[J]. 心理学报，2004，36(1)：44-52.

(3)深化学校教育教学改革

我国传统的教育教学体制已经不能适应社会发展的要求,不能满足教师发展的需要,应当进行相应的调整与改革。比如,当前学校的学制、课程、教法都需要不断探索、改革和完善,在教师的任用、培训和资格认定方面要形成合理的标准体系,建立健全教师评价与考核制度,建立促进教师专业素质的管理服务体系,尤其是要建立科学合理的教师评价体系和运作机制。这些有效的改革措施对教师保持良好的职业心态、提高心理健康水平,具有重要而深远的意义。

(4)改进学校管理,提高管理素养

学校管理者对学校发展和教师成长负有重要责任,必须具备相应的管理素质,那些不懂学校教育、未经管理培训、不具备条件的管理者不能走上学校管理者的岗位。为促进教师心理健康发展,学校管理者应采取一些积极措施。比如,提高教师群体之间的相互支持,给予教师更多的工作灵活度和自主权,让教师有机会参与学校管理与策略,向教师提供更多在职培养和进修机会等,都有助于改善教师的心理健康状况。

目前有的学校管理者非常重视教师的情绪对教育教学的影响,提出"如果教师情绪不好,可以不上课"。

教师情绪不好,可以不上课吗?[1]

当教师在上课之前发觉有较为严重的情绪问题,或者学校其他人员发觉教师有情绪问题时,比如,教师身体不舒服导致心情非常烦

---

[1] 摘自:北京青年报,2006年4月1日.

躁、教师家中有事带来了严重焦虑情绪、教师在处理与家长的矛盾中因矛盾激化而情绪失控等，教师可以向学校提出来：这节课可以不上吗？

这种情况以往没有听说，近年来，一些学校对教师管理就相继出现了这样的做法，实施了"教学回避办法"，有些中小学的教师就逐渐拥有了这样的"特权"。比如，沈阳一所小学就实行了教师的"情绪假"制度，当教师情绪出现严重问题时，可以放半天假，由学校的领导或其他教师为其代课，受到了教师们的欢迎。

据报告，该学校的"情绪假"制度是学校领导研究出台的，教师在心情不好时可提前请假。由学校的主要领导每人分担了几门学科的备课任务，在教师请假时，由相应的领导为教师代课。同时学校还请来心理咨询师，对教师的心理状态进行调整。以保证教师在良好的情绪状态下进行教学活动，避免教师不良情绪干扰教学过程，减少对教学的负面效应，从而确保教师与学生的身心健康，提高学校教育的整体效益。

实际上，学校实行的"教学回避办法"可以区分为主动申请回避和劝说回避两种情况。主动申请回避由处于消极情绪中的教师自己提出，而劝说回避由其他教师或学校管理者提出。"教学回避办法"反映出学校管理者对教师情绪及心理健康的重视。

本章思考题

1. 什么是教师职业倦怠？导致教师职业倦怠的主要原因是什么？

2. 如何认识教师心理健康的内涵和标准?

3. 教师心理健康问题的影响因素有哪些?

4. 在学校管理实践中,校长如何维护和促进教师的心理健康?

后　　记

　　有一次，我与一位当地教育局的领导在一所学校听课。一个上午我们随堂听了前三节课。第四节课，我们与讲课和听课的教师们一起评课。校长主持这次评课，校长首先请教师们发言，有几位教师对三节课的教学提出了自己的看法，大多是赞美的话语。然后校长请我来点评，针对三节课的教学情况，我坦诚地把关于教学环节设计和师生互动方面的问题一个个摆到桌面上，并提出了一些具体建议。由于评课的时间有限，我没有过多赞美的话语，而是更多地把"问题"提出来，希望与教师们讨论。但是，三位上课的教师都不说话，表情不悦地看着我。评课的氛围似乎让我搞得很沉闷。最后，校长请教育局领导点评。我发现这位领导的点评没有涉及教学，而是讲了一些"你们要好好备课，认真备课，努力备课，我相信你们一定能把课上好"之类的话语。然而，我惊讶地发现，领导讲了这些与教学无关的话语之后，全体教师竟然一起热烈鼓掌，面露喜悦之情。我为此感到有些困惑，在当前的管理体制下，教师是不是缺少一些面对自身专业发展的独立思考与判断呢？校长又该如何真正引领教师成长呢？

在思考校长如何引领教师成长的时候，我也经常思考校长自身如何获得专业发展。在学校里，教师经常说自己是学校中层干部、家长与学生之间的"夹心层"，学校的中层干部经常说自己是校长与教师之间的"夹心层"，校长经常被视为"高层"。其实，在整个教育管理的体系中，校长何尝不是"夹心层"？在我们呼吁校长要给教师基本话语权的时候，校长在教育局领导那里又有多少话语权呢？

有一位当地名校的校长曾无奈地对我说："校长不是人当的。"我打趣地对他说："校长不是一般人当的。"他每天身上揣着一份有关学校发展问题的报告，寻找各种机会递给上级领导，但是报告递送了无数次却没有回音。

事实上，当前许多地方的教育管理还存在着管理服务倒置的情况，教师为校长服务，校长为局长服务。最终，谁为学生服务？于是，有些时候，管理偏离了"教师为本"的大政方针，许多针对教师的管理还是通过"管卡压"来实现。比如，某些地方的学校管理给教师制订了"教师十不准"。有一位教师反问，"为什么不给校长制订一个'校长十不准'"？而有一位校长则表示，"也应该制订一个'局长十不准'"。以此类推，是不是也应该制订一个"厅长十不准""部长十不准"呢？

因此，在呼吁校长成为专业管理者的同时，我们也呼吁教育管理体制的改革与进步。各级教育管理者要提高为被管理者服务的意识和责任，提升管理的专业素质，少一些"管卡压"，多一些"法理情"。所谓"法理情"，即学校管理要不断建立和完善制度法规，要以理服人，以情感人。我们提倡，对于不同层面的管理者而言，管理校长要以"校长为本"，管理教师要以"教师为本"，管理学生要以"学生为本"。

后　记

　　最后，希望本书内容能与学校管理者的管理理念与方式擦出思想的火花，引发学校管理者的思考。本书强调学校管理者的理论提升和实践运用，以学校管理理念指导实践，以学校管理实践提升理论。

　　本书内容可能存在一些疏漏，敬请各方指正。借用莎士比亚的一句诗"接受他人的观点，保留自己的判断"，与阅读此书的学校管理者共勉。

　　在本书著作过程中，受到许多中小学教师和校长的启发，得到北京师范大学教育学部一些同事的大力支持，教育学部的研究生姚慧玥和贾彦琪对本书提出许多宝贵修改建议，在此深表谢意。

姚计海

于北京师范大学英东教学楼